《采购管理实务》编委会名单

主　　编： 潘意志

副 主 编： 谢华兴　罗厚成

编委成员： 何志昂　赵柳村　袁良清

程丹丹　徐晓丽　黄临陵

高职高专营销类专业系列教材

采购管理实务

CAIGOU
GUANLI SHIWU

主编 ◎ 潘意志 副主编 ◎ 谢华兴 罗厚成

暨南大学出版社
JINAN UNIVERSITY PRESS
中国·广州

图书在版编目（CIP）数据

采购管理实务/潘意志主编；谢华兴，罗厚成副主编．—广州：暨南大学出版社，2013.11
（高职高专营销类专业系列教材）
ISBN 978－7－5668－0725－0

Ⅰ.①采…　Ⅱ.①潘…　②谢…　③罗…　Ⅲ.①采购管理　Ⅳ.①F253.2

中国版本图书馆 CIP 数据核字(2013)第 191410 号

出版发行：暨南大学出版社

地　　址：中国广州暨南大学
电　　话：总编室（8620）85221601
　　　　　营销部（8620）85225284　85228291　85228292（邮购）
传　　真：（8620）85221583（办公室）　85223774（营销部）
邮　　编：510630
网　　址：http：//www.jnupress.com　http：//press.jnu.edu.cn

排　　版：广州市天河星辰文化发展部照排中心
印　　刷：佛山市浩文彩色印刷有限公司

开　　本：787mm×1092mm　1/16
印　　张：11.75
字　　数：300 千
版　　次：2013 年 11 月第 1 版
印　　次：2013 年 11 月第 1 次

定　　价：25.00 元

前 言

“采购管理实务”课程是高职高专经济管理类专业的核心职业技能课，是国家职业资格标准采购师认证考试的证书课程之一。本课程为企业的物料管理和物料采购等岗位培养应用型人才，要求学生具备编制采购计划与预算、签订采购合同、监控采购过程和对采购工作绩效评估等能力。

本书按照“校企共建、工学结合、任务驱动”的新思路进行基于工作过程的课程开发与设计，以职业能力培养为重点，与行业企业合作，考虑到不同类型的企业采购作业不尽相同，同时也考虑到不同性质的物料采购作业不尽相同，选择种类（项目）作为载体，将学习领域中的目标表述和学习内容具体化为五个学习情境：情境一，生产企业原材料（零部件）采购作业；情境二，商业企业商品采购作业；情境三，技术采购作业；情境四，服务采购作业；情境五，办公用品采购作业。学习情境一和学习情境二分别根据生产企业原材料（零部件）采购作业流程和商业企业商品采购作业流程展开，设计若干个子学习情境，以真实工作任务为载体，做到教学内容与企业实践相结合，课程知识与任务分解相配套；而学习情境三、四、五对技术采购、服务采购和办公用品等新型采购业务进行了重点介绍。

教材各学习情境展开采用任务描述—知识准备—任务实施—实训项目的编写顺序，这种真题真做、真题实做的训练方式，可实现专业与企业岗位对接、课程内容与职业标准对接。通过本课程的学习，学习者可系统掌握一个完整的采购业务操作，获得采购业务操作与管理的职业能力。

本书编写分工如下：罗定职业技术学院潘意志负责体例和学习情境一的编写，福建电力职业技术学院谢华兴负责学习情境二的编写，黔西南民族职业技术学院罗厚成负责学习情境三的编写，罗定职业技术学院程丹丹负责学习情境四的编写，罗定职业技术学院徐晓丽、黄陵临负责学习情境五的编写，罗定职业技术学院何志昂、赵柳村和液化空气（中国）投资有限公司袁良清负责全书的审校工作。

广州暨南大学出版社、广东省高等职业技术教育研究会对本课程的开发和教材编写工作给予了大力支持，在编写过程中还借鉴和吸收了国内外专家和学者的大量研究成果，在此一并表示感谢。

由于编者水平有限，书中难免有疏漏和不足之处，敬请同行和读者批评指正。

编 者

2013 年 8 月

目 录

前 言 …… 001
学习情境一 生产企业原材料（零部件）采购作业 …… 001
子学习情境1 生产企业采购部架构及采购人员选拔 …… 001
任务一 生产企业采购组织架构与职责设置 …… 001
任务二 采购人员素质要求与选拔 …… 007
子学习情境2 分析生产企业采购需求 …… 016
任务一 定义采购需求 …… 016
任务二 拟订采购市场调查方案 …… 019
任务三 设计采购市场调查问卷与市场调查实施 …… 022
任务四 分析整理调查数据 …… 025
任务五 撰写调查报告 …… 029
子学习情境3 生产企业采购计划与预算制订 …… 031
任务一 把销售计划转变为生产计划 …… 031
任务二 编制中长期采购计划 …… 036
任务三 制定短期采购决策 …… 040
任务四 采购预算的编制 …… 045
子学习情境4 生产企业采购作业实施 …… 049
任务一 制定采购文件 …… 049
任务二 进行采购谈判 …… 058
任务三 签订采购合同 …… 068
任务四 履行采购合同 …… 075

子学习情境5 生产企业采购绩效管理 …… 078
任务一 采购绩效管理认知 …… 078
任务二 采购绩效考核指标选取与考核表设计 …… 083
学习情境二 商业企业商品采购作业 …… 091
子学习情境1 商业企业采购部架构及采购人员选拔流程 …… 091
任务一 商业企业采购部架构 …… 091
任务二 商业企业采购人员选拔 …… 095
子学习情境2 商业企业采购计划与预算制订 …… 100
子学习情境3 商业企业采购作业实施 …… 105
子学习情境4 商业企业采购绩效管理 …… 125
学习情境三 技术采购作业 …… 138
子学习情境1 技术采购认知 …… 138
任务 技术采购认知 …… 138
子学习情境2 技术采购作业实施 …… 141
任务一 技术采购作业流程 …… 141
任务二 技术转让合同 …… 148
学习情境四 服务采购作业 …… 155
子学习情境1 服务采购认知 …… 155
任务 服务采购认知 …… 155
子学习情境2 服务采购作业实施 …… 158
任务一 服务采购作业流程 …… 158
任务二 服务采购合同 …… 161
学习情境五 办公用品采购作业 …… 168
子学习情境1 办公用品采购认知 …… 168
任务 办公用品采购认知 …… 168
子学习情境2 办公用品采购作业流程 …… 179
任务 办公用品采购作业流程 …… 179
参考文献 …… 184

学习情境一　生产企业原材料（零部件）采购作业

【学习目标】

知识目标	1. 了解生产企业采购部架构及采购人员选拔； 2. 理解生产企业采购计划与预算制订； 3. 熟悉生产企业采购作业流程； 4. 熟悉生产企业采购绩效管理。
技能目标	1. 能够拟订生产企业采购市场调查方案并设计采购市场调查问卷； 2. 能够撰写生产企业采购市场调查问卷； 3. 能够编制生产企业采购计划与采购预算； 4. 能够独立编制生产企业采购文件，组织采购谈判，组织采购实施。
职业能力目标	1. 具有调查、分析市场需求的能力； 2. 具有根据采购环境、市场需求的变化制订采购计划的能力； 3. 具有良好的沟通和组织能力。

子学习情境 1　生产企业采购部架构及采购人员选拔

任务一　生产企业采购组织架构与职责设置

任务描述

任务要求：采购组织结构形式优缺点比较

YFU 公司是一家专业生产减速机的企业，公司成立有十多年时间，拥有资产数千万元，生产多个大类、几十种型号的减速机产品。随着公司规模的增大，原来企业采取的分权式组织结构已经不适应发展的需要，请你重新设计企业组织结构，并分析其优缺点。

知识准备

一、企业采购组织的基本类型

（一）分权式采购组织

分权式采购组织（见图1-1）属于平行式管理组织。物料采购作业采用分散平行的体系。企业把与采购相关的职能及工作分别授予不同的部门执行。

1. 优点

（1）紧急采购时可争取时效，能够机动配合生产需要，及时提供最佳服务。

（2）有利于地区性物资的采购，仓储管理方便，占用库存空间小，占用资金少。

（3）采购手续简便，过程短，如有问题能够快速直接反馈。

2. 缺点

（1）权力分散，无法获得集权式采购的价格折扣，难以培养专业人才。

（2）对供应商的政策可能不一致，可能出现多部门与同一个供应商就同一种产品进行谈判的情况，结果达成了不同的采购条件。

（3）决策层面低，易产生暗箱操作。

（4）作业分散，手续重复，致使成本增加。

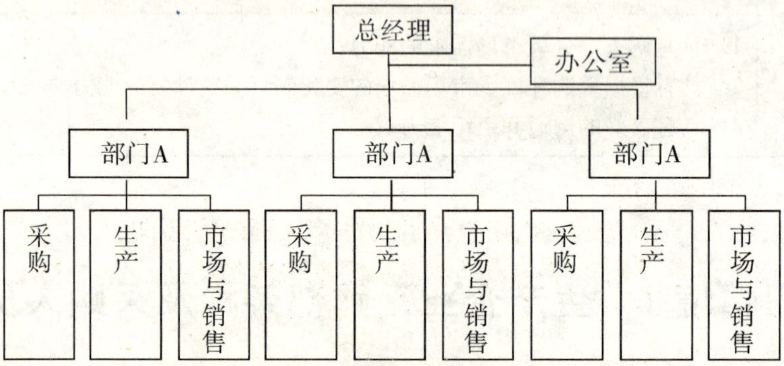

图1-1　分权式采购组织结构示意图

3. 分权式采购组织适用条件

（1）小批量采购。

（2）采购价值较低。

（3）市场资源有保证。

（4）距离总部较远（如异国异地供应）。

（5）研发实验物品的采购。

（二）集权式采购组织

集权式采购组织，是指所有生产或经营的物料、商品集中进行采购与供应。即将采购相关的职责或工作集中授予一个部门来执行，这是为了建立综合的物料管理体系而设立的管理责任一元化的组织机构（见图1－2）。

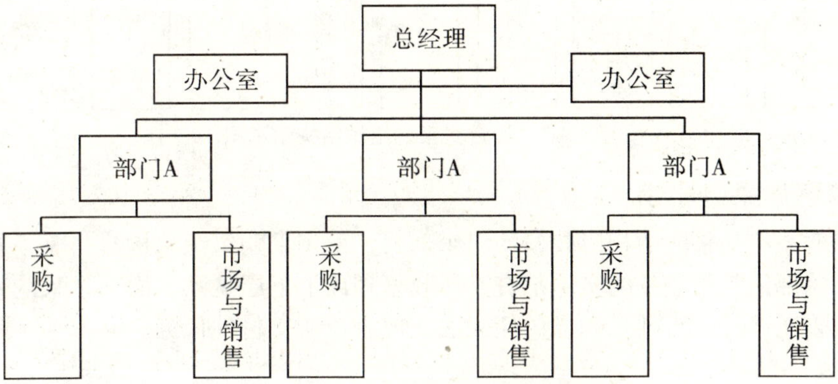

图1－2　集权式采购组织结构示意图

1. 优点

（1）减少作业费用，获得价格折扣、运输等方面的多种优惠，形成规模效益，降低采购和物料成本。

（2）采购功能集中，便于人员分工，提高效率，培养专业人才。

（3）易于稳定与供应商的关系，实现成效最佳的长期合作。

（4）公开采购、集体决策、阳光操作，可有效防止腐败。

（5）便于实行采购程序标准化，减少分散采购的重复作业。

2. 缺点

（1）手续较多，过程较长。

（2）专业性强，责任重大。

3. 集权式采购组织适用条件

（1）大宗和批量物品的采购；价格较高的物品；关键的零部件。

（2）保密性强的物品；易出现问题的物品；定期采购的物品。

（3）连锁经营、特殊经营的物品。

（三）混合式采购组织

混合式采购组织吸收了集权式采购和分权式采购的优点。一个健全的采购组织应该决策集中，执行分散，集权与分权协调运用，最终在集权与分权的采购中建立一种有效的平衡（见图1－3）。

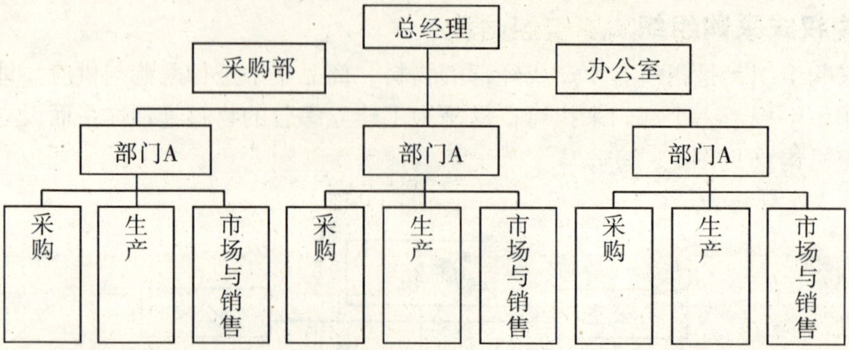

图 1－3　混合式采购组织结构示意图

（四）跨职能采购小组

跨职能采购小组是采购中相对较新的组织形式，由于采购组织的构建与赋予它的职能有直接的关系，采购部门各种业务的实施都有其行政管理或上下层关系，而不是采购部门必须完全听命于需求或委托单位，否则采购部门便无法完成企业所交付的任务。

二、采购部职能

采购部在采购经理的统一领导下开展工作，在企业中行使下列职能：

（1）采购计划管理。在采购调查和分析采购请求的基础上，进行采购决策，编制采购计划，为采购活动提供指导。

（2）采购活动管理。根据需求和采购作业计划，组织实施采购活动。

（3）供应商管理。选择、评审、管理供应商，建立供应商档案。

（4）采购合同管理。组织采购合同的评审，建立采购合同台账，对合同进行分类管理，并对合同执行情况进行监督。

（5）采购成本管理。

（6）采购监控与评价。

三、采购部组织结构

生产企业采购部架构可以从不同角度进行设计：

（一）按专业分工设计的采购部组织结构

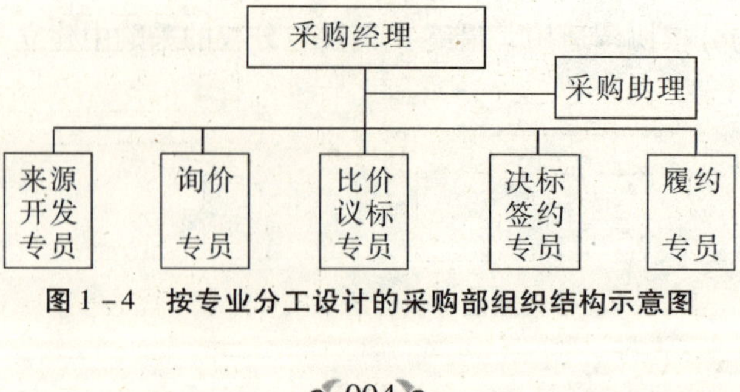

图 1－4　按专业分工设计的采购部组织结构示意图

（二）按职能设计的采购部组织结构

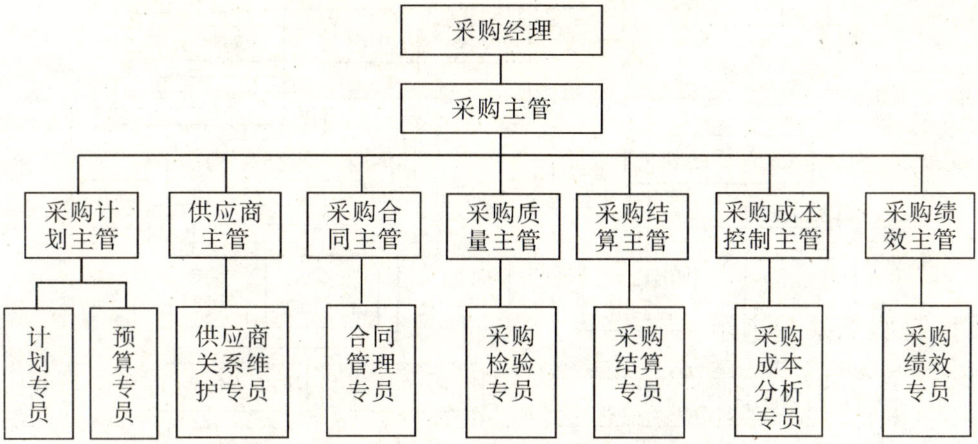

图1－5　按职能设计的采购部组织结构示意图

（三）按物品类别设计的采购部组织结构

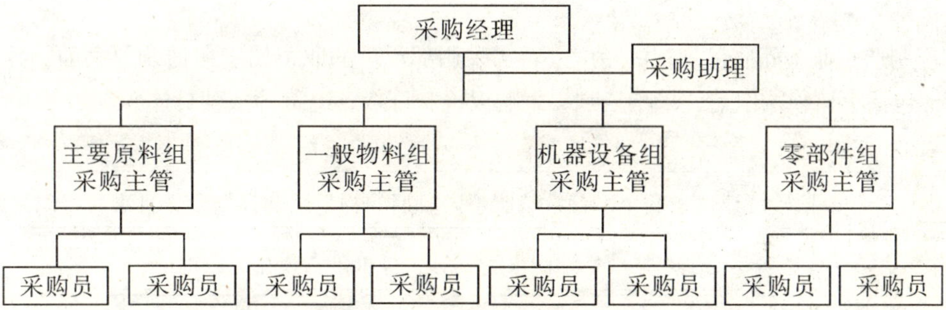

图1－6　按物品类别设计的采购部组织结构示意图

企业所需的主要原材料、一般物料、零部件、机器设备、工程发包等物品的采购事宜，将由不同的人员来办理。

（四）按采购地区设计的采购部组织结构

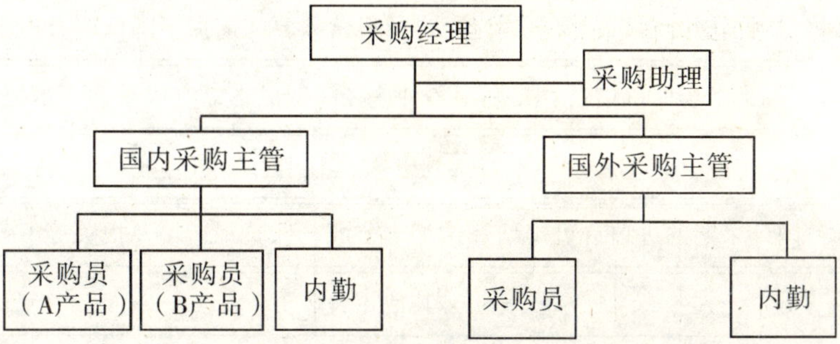

图1－7　按采购地区设计的采购部组织结构示意图

（五）大型企业的采购部组织结构

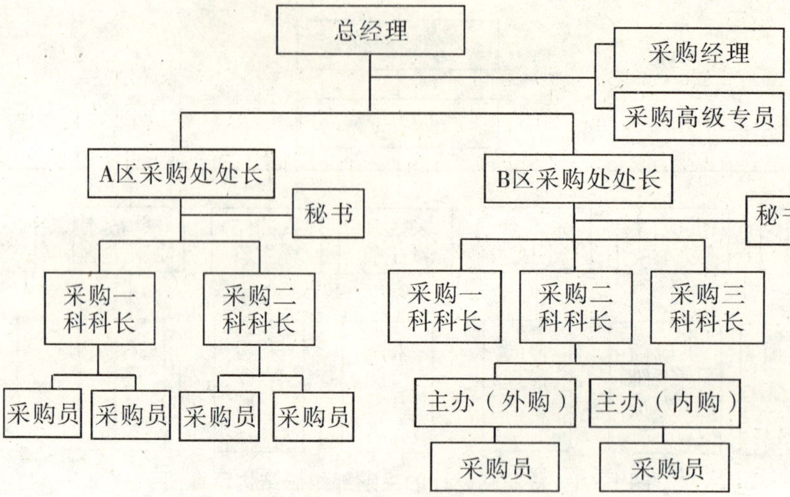

图 1－8　大型企业的采购部组织结构示意图

四、生产制造企业采购部职责

从生产制造企业全面质量管理的角度来看，采购部承担的职责始于接请购单之前，并延至填写订单之后，包括审核采购申请、采购谈判、采购议价、订货、退货等。其具体职责如图 1－9 所示。

职责 1	根据生产计划和安全库存，编制不同时期的物料采购计划，经批准后组织采购
职责 2	编制采购预算，经批准后实施
职责 3	审查各类请购申请，核查采购的必要性以及请购规格与数量是否恰当
职责 4	供应商资料的收集、整理、选择、保管及对合格供应商的评估
职责 5	执行采购活动，包括询价、比价、议价、订购及交货的催促与协调
职责 6	做好市场供求信息及价格调查，保质、优质采购，确保满足生产及经营活动的需要
职责 7	做好物料消耗分析，在保证满足生产及经营需要的前提下降低资金占用，减少库存
职责 8	收集市场的价格信息，利用各种途径降低成本，完成采购成本控制指标
职责 9	采购结算工作
职责 10	国外采购的进口许可申请、结汇、公证、保险、运输及报关等事务的处理
职责 11	其他相关职责

图 1－9　生产制造企业采购部的职责

任务实施

YFU 公司可以采取集权式的组织结构。比如，通用汽车公司（欧洲）和大众公司采购组织就是采购业务集中到相当高程度的例子，通过采购协作可以从供应商处得到更好的条件（价格、成本、质量以及服务方面），促进采购的商品和供应商供货运作朝标准化的方向发展。

随着企业飞速发展，结构变化表现为：

（1）直接和间接增值链不断细化和完善；

（2）随着单一业务向多业务转变，产生更多的事业部；

（3）逐步形成矩阵管理体系。

实训项目

某高新技术企业按业务的分类，成立了 3 个针对不同产品的事业部，各事业部下设销售团队、技术支持团队和研发团队。各部门的业务收入和成本都是独立核算的，但需要平摊后勤部门（行政部、人力资源部、财务部）所产生的成本。目前，公司共有员工 134 人，其中 3 个事业部 100 人，后勤部门 30 人，高层领导 4 人。由于成立时间不到 3 年，客户资源还不够稳定，所承接的业务量波动较大。因此，在工作任务繁忙时，有些员工，尤其是研发和技术人员，会抱怨压力过大，各事业部经理也会抱怨合格人手太少，招聘来的人不能立即适应项目的工作需要；但在工作任务相对清淡的时期，经理们又会抱怨本部门的人力成本太高，导致利润下降。

请回答以下问题：

（1）绘制该公司的组织结构图；

（2）该公司在人员供需状况上遇到了什么问题？请为该公司提供解决问题的建议。

任务二 采购人员素质要求与选拔

任务描述

任务要求：撰写采购主管招聘书

安阀铸件（上海）有限公司是一家生产阀门铸件的机械企业，由于技术先进，产品深受市场欢迎，公司拟扩大生产，需要采购的原材料、零部件数量、品种增多，需要招聘一位能干的采购主管负责采购部日益复杂的工作。请你为该公司设计一份采购主管的招聘书。

知识准备

一、采购部门岗位设置及职责

要保证采购工作顺利进行，在企业内部应建立一个高效率的、团结协作的采购团队，不同的团队发挥着不同的采购职能。

（一）采购经理的岗位职责

职责1：拟定和执行采购战略，拟定采购部门的工作方针与目标。

职责2：制订采购计划，保证满足经营活动需要，降低库存成本。

职责3：编制年度采购预算，报批后监督实施。

职责4：全面负责规划、指导和协调企业所需物资及相关服务的采购工作。

职责5：对采购物品的国内外市场行情进行跟踪，并预测价格变化趋势。

职责6：寻找物料供应来源，调查和掌握供应渠道。

职责7：负责采购物流、资金流、信息流的相关管理工作。

职责8：参与协调采购、提货、供应工作。

职责9：参与开发、选择、处理与考核供应商，建立供应商档案管理制度。

职责10：采购合同的制定、审核、签署与监督执行。

职责11：废料、质量事故的预防与处理。

职责12：控制采购成本和费用，审核采购订单和物资调拨单。

职责13：向企业管理层提供采购报告。

职责14：负责采购人员的绩效、培训等管理工作。

职责15：负责本部门的日常管理工作，以及与其他部门的协调工作。

职责16：完成上级交办的其他工作。

（二）采购主管的岗位职责

职责1：全面协助采购部经理开展采购及部门管理等工作。

职责2：分派采购部所有人员的日常工作。

职责3：编制单项材料的采购计划，并监督实施。

职责4：在部门经理的指导下，参与编制采购预算，并控制采购费用。

职责5：参与供应商信息的分析，供应商的选择与评估。

职责6：签订和送审小额采购合同。

职责7：协助采购稽核员规范采购政策和行为，确保公司利益。

职责8：制作物资入库相关单据，积极配合仓储部保质、保量地完成采购货物的入库任务。

职责9：编制单项采购活动的分析总结报告。

职责10：完成采购经理交办的其他工作。

（三）采购稽核员的岗位职责

职责1：对采购管理制度、采购人员行为规范及采购流程等内控程度进行稽核。

职责2：对采购需求合理性、产品与服务价格进行稽核。

职责3：对供应商选择与评审，对采购价格谈判进行稽核。

职责4：检查招标、比价、议价等各种方式的决定是否符合相关规定。

职责5：检查合同内容是否全面，是否合法，并检查合同的执行情况。

职责6：对采购物资的数量与质量进行稽核。

二、采购人员的素质

对于采购人员的选用，过去一直比较重视的是“防止作弊，杜绝收受回扣”的观念，因此“忠厚老实”是非常重要的条件。但是，随着采购的重要性逐渐提高，采购的复杂性也日益上升。采购不再是拿钱买东西那么简单的事情，而变成了一门专业，采购工作不再是那些只具备忠厚老实品质的人就能够胜任的。

采购人员必须具备与工作复杂性相适应的素质和能力，要通过专业化的工作和能力培训达到甚至超过与企业和市场要求相适应的水平。因此，采购人员培训内容包括个人素质与技巧、相关专业知识及采购专业知识等方面，其中谈判技巧是采购人员需要通过培训和实践而掌握的一项基本技能。采购人员的管理与发展作为企业或企业人力资源管理与发展的一个重要组成部分，是保障采购能力形成与培养、采购队伍建设与发展的基本内容，因此采购人员的选用对于企业的发展是非常重要的。作为现代企业，选择好的采购人员主要考虑以下三个方面：

（一）品德

采购工作没有固定规则可循，加上采购行为稽查困难，使得采购工作是“良心工作”。因此，觉悟高、品行端正是一个采购员应有的基本素质，只有思想品德高尚，才能大公无私、克己奉公，处处为企业大局着想，不贪图个人小利。在实际工作中，有许多采购员拿回扣，要好处费，或借采购之机游山玩水，造成企业采购费用开支过大，或采购商品质量低劣，给企业造成巨大损失。结合我国企业的实际，我们要求采购人员做到以下四点：

1. 志士不饮贪泉之水

采购人员所处理的“订购单”就是金钱，而采购人员本身就是财富的代表，拥有采购权的业务人员经常会被各种各样的供应商所包围。无论是通过人际关系向采购人员打起感情战，还是利用红包、回扣等种种物质条件进行利诱，采购人员都必须保持廉洁，不能以牺牲企业的利益来换取个人财富的增加。君子爱财，取之有道，违背法律道德的做法终将害人害己。企业在选择采购人员时一定要对候选人员进行这一方面的考察。只有拥有正直人格的人才能给企业带来财富，才是企业宝贵的人力资源。

2. 敬业精神

敬业精神同前一种要求一样，也是从事任何工作的人员都必备的优秀品质，采购人员也不例外。大家都知道拥有敬业精神是做好本职工作的基本要求，再有才华的人也只有在这一精神的引导下才能做出成绩。采购人员敬业精神的有无会直接影响企业供应情况。良好的敬业精神可以保证企业供应的稳定，从而保证生产的顺利进行。

3. 承受困难的毅力

采购工作是一项重要、艰巨的工作，要与企业内、外方方面面的人打交道，经常会受到来自企业内外的“责难”，采购人员要具有应付复杂情况和处理各种纠纷的能力，在工作中被误解时，能在心理上承受得住各种各样的“压力”。

4. 虚心、诚心、耐心

采购人员在和供应商打交道的过程中往往占据主动地位，拥有局面的控制权。但是采购人员对供应商的态度一定要保持公平互惠，甚至要做到不耻下问，虚心求教，不可趾高气扬，傲慢无理。与供应商建立良好合作伙伴关系的过程充满了艰辛，这要求采购人员要有足够的耐心，有良好的涵养。只有虚心和耐心地同供应商谈判，诚心诚意地与供应商交往，才会换来对方的合作，达到我们的目的。

（二）知识和能力

知识和能力既是相辅相成又是相互独立的。知识是能力的强大后盾，能力是知识的反映。但是作为采购人员，只有专业知识是远远不够的，参加实践的能力才是为企业带来财富的根源。

1. 采购人员应具备的知识

（1）政策、法律知识。政策、法律知识包括国家出台的各种相关法律、价格政策、专营方向，维护国家与企业利益。

（2）市场知识。了解消费者需要，掌握市场细分策略以及产品、价格、渠道、促销方面的知识，才能合理地选择采购商品的品种，从而保证采购的商品适销对路。

（3）业务基础知识。业务基础知识包括谈判技巧，商品知识（商品功能、用途、成本、品质），签约的基本知识等，这是做好本职工作的关键，将有助于与供应商的沟通，能主动进行价值分析，开发新来源或替代品，有助于降低采购成本。

（4）社会心理知识。了解客户的心理活动，把握市场消费者的心理需求，从而提高采购工作的针对性。

（5）自然科学知识。自然科学知识包括自然条件、地理、气候、环境变化以及数理知识和计算机知识。将现代科技知识用于采购过程，把握市场变化规律，从而提高采购工作的效率与准确性。

（6）文化基础知识。这是其他知识的基础，一个文盲是干不好采购工作的。

2. 能力素质

知识不等于能力，国外心理学家研究表明，要办好一件事，知识起的作用只有1/4，而能力起的作用占3/4，可见能力更为重要。要做好采购工作，采购人员同样应具有相应的能力，我们把采购人员具备的能力归纳为：

（1）市场分析能力。分析市场状况及发展趋势，分析消费者购买心理，分析供货商的销售心理，从而在采购工作中做到心中有数，知己知彼，百战百胜。

（2）团结协作能力。采购过程是一个与人协作的过程，一方面采购人员要与企业内部各部门打交道，如与财务部门打交道解决采购资金、报销等问题；与仓储部门打交道，了解库存现状及变化等。另一方面采购人员要与供应商打交道，如询价、谈判等，采购人员应处理好与供应商和企业内部各方面的关系，为以后工作的开展打下基础。

（3）语言表达能力。采购人员是用语言文字与供应商沟通的，因此，必须做到准确、清晰地表达所欲采购产品的各种条件，如规格、数量、价格、交货期限、付款方式等。如果口齿不清，只会浪费时间，导致交易失败。因此采购人员的表达能力尤为重要，是采购人员必须锻炼的表达技巧。

（4）成本分析和价值分析能力。采购人员必须具有成本分析能力，会精打细算。买品质太好的商品，物虽美，但价更高，加大成本；若盲目追求“价廉”，则必须付出品质低劣的代价或伤害其与供应商的关系。因此，对于供应商的报价，要结合其提供的商品的品质、功能、服务等因素综合分析，以便买到适宜的商品。

（5）前景预测能力。在市场经济条件下，商品的价格和供求在不断变化，采购人员应根据各种产销资料及与供应商打交道中供应商的态度等方面来预测将来市场上该种商品的供给情况，如商品的价格、数量等。

（三）采购人员应具备的观念

正确的采购观念是必须引导采购人员按客观规律办事，提高采购工作的质量。我们认为现代采购人员应具备的观念有以下六个方面：

1. 战略观念

即从企业大局出发，把握企业发展战略目标，使采购工作符合企业整体发展要求。

2. 经济观念

即在采购过程中讲究经济核算，提高购进环节的经济效益。尽量组织本地产品购进，货比三家，择优而购，精打细算，节省开支。

3. 市场观念

把握市场发展规律，调整市场变化趋势，善于抓住每一个市场机会。

4. 竞争观念

竞争是市场经济条件下的必然现象，在采购过程中同样充满了竞争，既有采购人员与供应商的竞争，又有与同行之间的竞争。很显然，竞争会给采购员的工作带来压力，因此，采购人员要善于竞争，把竞争的压力转化为搞好采购工作的动力。

5. 服务观念

采购过程实际上是一个服务过程。一方面为供应商服务，在采购过程中着眼于长远利益，为供应商提供力所能及的服务，如提供信息、协助推销、介绍新客户等；另一方面，对企业内部来说，采购要为企业经营服务。

6. 创新观念

创新观念即出奇制胜，一方面在采购过程中要有新招数，如开发新货源或选择更好的供应商，以提高采购工作的效率；另一方面也要在企业经营项目上独辟蹊径，做到“人无我有、人有我优、人优我廉、人廉我转”，从而使企业立于不败之地。

三、采购人员招聘渠道、方法

（一）内部征召

内部征召是指采购部门吸引现在正在企业任职的员工，填补空缺职位，它是企业重要的征召方法。对于采购管理职位来说，它是最重要的应聘者来源，美国抽样调查资料显示，90%的管理职位是用内部征召的方法来填补的。

内部征召通过内部提升和职位转换两种方法来完成。内部提升是指把企业内部符合条件的员工从一个较低级的职位晋升到一个较高级的职位的过程；职位转换则是指将员工从原有的职位调到同层次或下一层次的空缺职位的过程。

内部征召通常采用职位公告和职位投标的做法。职位公告是指通过布告或企业的报刊向员工通告企业空缺职位的情况。通常职位公告应该包括职位的责任、义务、必备的资格、工资水平、申请日期、测试内容以及其他有关信息。职位投标是指允许那些自认为具备资格的人员申请公告中职位的自荐方法，即具有资格申请者可以投递申请，竞聘职位。职位公告和职位投标体现了招聘工作的公开性和公平性的原则，会极大地调动员工的积极性。

内部征召因其自身特性具有特定的优缺点。内部征召已经成为建立员工忠诚度的一种有效的方法，但它会引起内部的不正当竞争，降低企业的活力。这些不足可以通过内部细致的工作得到一定的消除。

（二）外部征召

外部征召的方法多种多样，当采购部门需要较多的采购人员时，外部征召是必然的选择。

1. 刊登广告

招聘最普遍的渠道就是刊登广告。虽然这可能是吸引应聘者的一种有效的方式，但有时被称为“花钱求人”的方法。为了使投资物有所值，企业应该制作一则准确且有趣的广告，在合格的候选人中产生预期的效果。为了保证广告有效果且能够吸引最优秀的候选人，应该认真构思，设想符合招聘准则的理想的候选人。

2. 员工或客户推荐

（1）员工推荐。一套有效的员工推荐系统，应该鼓励员工积极推荐人选，以协助企业的人员安置。这对于那些员工满意度较高的处于发展壮大的企业来说，是一种特别有效的策略，如果采购人员认为该企业不是一个工作的好地点，就不会推荐朋友和家庭成员。

实施此类计划的前提是让员工知道企业需要他们的帮助。如果企业规模较小，就可以与每位员工进行谈话，说明你的需求。

成功的员工推荐需要具备金钱报酬这一关键因素。这一激励因素鼓励员工仅推荐那些合格的，有可能被雇佣的潜在候选人。但也不能过于优厚以至于打断了工作计划，或者促使那些只想得到报酬的员工推荐一些劣质人选。

（2）客户推荐。客户作为采购人员候选人的一个来源经常被忽视。客户本身就可能正在寻求变动职业，或者他们认识的某人有可能成为优秀采购人员。

3. 就业机构

就业机构是帮助企业招聘员工和帮助个人找到工作的一种组织，具体是指各种职业介绍机构、人才交流中心等，包括政府主办的公共职业介绍机构、私人或民办的人才交流中心。

由于对应聘者的情况不太了解，就业机构不一定有企业需要的合适人选。从我国人才交流中心的统计资料看，其招聘成功的百分比也不高。另外，由于必须支付给这些机构中介费，尤其是私人职业介绍机构收取的费用较高，因此会大量增加招聘成本。虽然如此，这一招聘方法仍是招聘采购人员的重要途径。

在招聘时，企业如果借助就业机构，应该注意一定要选择信誉较好的职业介绍机构，对应聘者进行严格的面试，同时也要让机构提供尽可能准确、详细的应聘人员的信息。目前，我国公共就业机构在招聘中扮演着主要的角色，这些机构都能够为用人单位提供比较全面的人力资源管理的代理服务。

4. 大学校园招聘

大学校园招聘曾被认为适用于大型企业，今天它已经成为小型企业招聘高素质人员的一个主要来源。随着企业不断精减员工，大企业雇佣的应届大学毕业生越来越少。现在，许多大学毕业生都希望能在富有挑战性的企业里寻找机遇。当然，注重工作经验的采购人员岗位一般较少在大学校园进行招聘。

校园面试必须严格遵守时间安排，这样如果有些同学需要去上课，你也不会失去与他们会谈的机会。通过这些面试，你能与潜在候选人进行面谈，并决定哪些人需要进行复试。

5. 专职猎头机构

在发达国家，专门为企业招聘高级管理人才或重要专业人才的私人就业机构，被称为“猎头公司”。在我国，随着市场经济的发展，猎头公司也开始在招聘高级管理人才方面占有一席之地。这些公司一般针对需要人才的企业或需要转换公司的个人。他们通晓企业对各种人才的需求，同时也掌握着丰富的具有优秀才能的个人的信息。

企业使用猎头公司招聘高级采购管理人才，既可以节省时间，又可以节省开支。企业与猎头公司合作时应该注意以下几个问题：第一，企业要避免与过多的“猎头公司”接触，应该精心挑选，与少数信誉比较好的“猎头公司”合作；第二，在与之合作的猎头公司中，应与几个熟悉企业需求的顾问建立关系；第三，猎头公司所推荐的人应与其原来工作的公司或企业已经解除了聘用关系。

6. 在线招聘

计算机时代使得网上招聘成为可能。互联网为招聘选择开辟了一块新天地，但不幸的是，互联网不像报纸分栏那样整齐排版，它是巨大的、复杂的，并且不断变化，但是只要你具有一定创造力，它可以极大地帮助你活跃部分的招聘工作。如果进行在线招聘，可以使用以下五种方法之一或综合考虑使用。

（1）设计自己的网页。设计自己的网页，描述你的企业，说明你的招聘需求。企业网页是一种十分有效的公共关系工具，它可以传播有关企业和应聘要求的信息，而应聘者则可以通过其广告了解找寻相关信息。企业可以在招聘网站中链接企业网址以吸引应聘者阅读你的网页，然后在网页上注明联系方式，把应聘者直接指引到招聘部门。

（2）利用网上猎头。利用网上猎头来招聘专业的或难以填补的职位。由于网上猎头都能够在网上声称是全国著名的正式授权的猎头企业，企业在与之合作前应尽量调查其可信度。

（3）在专业招聘网站上公布工作岗位。如一位正在寻找采购工作的人员，可以按照地区、工作性质、工作头衔，甚至一个具体的企业名称来检索。企业注册成为该网站企业用户后，可以在收费信息组公布你的职位空缺或在人才库中查找符合条件的候选人。

表 1-1　采购人员各种招聘渠道比较

来源	优点	缺点
内部征召	花费少，有利于提升员工士气，申请者了解企业情况	供给有限
刊登广告	覆盖面广，有利于提高企业的知名度	会吸引许多不合格的申请者，对应聘者了解少，招聘压力大
员工推荐	对应聘者较了解，成功率大，应聘者就职后稳定	容易掺杂人情关系，录用后难以辞退
顾客推荐	应聘者对工作了解，就职后比较稳定	覆盖面窄
大学校园招聘	针对性强，能够吸引大量的应聘者	应聘者缺乏实际操作能力，可能有比较高的流失率
就业机构	花费比较合理，有时还能免费	成功率低，难以找到优秀人才
猎头机构	对招聘高级和临时人才特别有效	费用高，容易上当受骗

任务实施

一份完整的采购主管招聘书应包含以下五个部分，其中职位描述/职位要求应当详尽合理。

一、本公司基本情况介绍

此处内容略。

二、职位基本信息

工作地点，工作性质，招聘日期。

三、工资/待遇

月薪，其他待遇。

四、职位描述/职位要求

（一）职位描述

（1）根据销售订单，结合库存实际情况、采购时间长短，编制采购订单和采购计划，并控制交期；

（2）根据公司各类部件的安全库存量的要求，定期核查且保证最低安全库存量；

（3）实时跟踪主要原材料市场价格行情变化及品质情况，定期向公司汇报，以待决策，提升产品品质及降低采购成本；

（4）按公司的目标或预算，主持与合格供应商的比价、议价的谈判及协议的签订；

（5）对供应商进行价格、产能、品质、交期的定期评审工作，以确保现行供应商的稳定供货能力；

（6）协同相关部门共同进行新部件和新材料供应商的寻找、资料收集及开发工作；

（7）对工厂所用设备或生产辅料的购买；

（8）按公司流程支持入货的验收及不合格品的处理。

（二）任职要求

（1）本科及以上学历，机械等相关专业；

（2）3 年以上采购工作经验，有制造行业采购经验者优先；

（3）通过 CET－4；

（4）熟悉物流相关知识，掌握本行业、领域的相关产品知识，熟悉产品管理、质量管理等理论并有相应的实践经验；

（5）熟练使用电脑，有 ERP 系统使用经验者优先；

（6）工作认真，善于沟通；

（7）良好的团队合作精神。

五、应聘方式/联系方式

应聘方式/联系方式：在线应聘，通过 E-mail 寄简历，传真简历，电话联系，来公司面谈等。

实训项目

案例分析：采购员的知识素质

某地化轻公司（以下简称乙方）正在洽谈购进一批单股低弹涤纶长丝业务，为加速资金周转，经理指示该公司推销部推销员何某联系该批货物的出路。何某经多方联系，与某开发公司（以下简称甲方）采购员李某签订了一份关于单股低弹涤纶长丝的买卖合同。合同上写明：由乙方以每吨48 000 元人民币的价格向甲方提供75 吨单股低弹涤纶长丝，交货时可派人看样，如质量、规格与合同上规定的标的不符，由乙方承担经济损失。合同签订后不久，乙方发现购进的是单股无弹涤纶长丝，而不是单股低弹涤纶长丝。乙方当甲方采购员李某来看样时，即口头将货物这一差异相告，但未对合同做出修改，也未提出变更货价。李某对商品知识缺乏了解，业务也不熟悉，听了口头相告后，未引起重视，只匆忙电告自己单位，将全部货款360万元人民币汇给乙方。当甲方技术人员去码头验收货物时发现，到货的商品弹性极差，该批货物确是单股无弹涤纶长丝，由此，甲方向乙方追究经济责任。

问题：采购员李某给企业带来了多大的经济损失？该事件给了我们什么样的启示？

子学习情境2　分析生产企业采购需求

采购需求分析是整个采购过程的第一个环节，是做好采购工作的基础。做好采购需求分析，能使组织真正获得其所需要的物品或服务，能降低采购风险，提高组织的竞争力，如此才能体现出采购部门和人员对组织的贡献以及重要性。

任务一　定义采购需求

任务描述

某生产企业需要采购表1－2中的不同物料，并对这些物料进行描述。分析其规格类别及各自的优缺点。如果按此需求描述，由你来采购，能否满足企业的要求？

表1－2　某生产企业原材料采购清单

序号	采购清单	Purchasing List	要求
1	连杆	CONROD	铸铁
2	摇臂	ROCKER ARM	铸铁装配件
3	轮毂	HUB	机加工件
4	减震器	PTO FLANGE	发动机零部件
5	皮带轮支架	FAN DRIVE	发动机零部件
6	机油进管	OIL FILLER NECK	发动机零部件
7	进气管	CHARGE－AIR MANIFOLD	塑料装配件
8	充电电机	ALTERNATOR	电机
9	进气口	FLANGE	铁铸件
10	进气弯管	ELBOW	铝压铸件

知识准备

一、定义采购需求

采购需求是指对采购标的的特征描述。要实施采购就一定要搞清楚采购需求，好的采购需求能够合理、客观地反映采购标的的主要特征以及要求供应商响应的条件，符合适用原则、非歧视原则，并能切合市场实际。

二、确定采购需求的主要内容

确定采购需求的主要内容包括各种需求的不同规格类型。规格是指对产品、程序或服务的描述，用来传递采购需求的基本特性，也用来比较同类或替代产品，通常包括输入规格、功能规格、性能规格、标准规格和服务规格。

（一）输入规格

输入规格是对产品的详细描述，包括以下限制性内容，如物理特征、设计细节、制造工艺或制造方法等。

（二）功能规格

功能规格只描述应该达到的功能或结果，忽略实现所期望功能或结果的过程和方法。功能规格一般只描述产品特征、质量级别和安全级别。

（三）性能规格

性能规格描述产品的具体性能参数，包括性能指标范围、衡量标准、质量等级与安全级别。

（四）标准规格

标准规格通常采用行业内公认的某些标准来描述产品，如国际标准、欧盟标准、绿色标准、节能标准等。

（五）服务规格

服务规格通常界定了服务内容和服务事实与监控。

任务实施

一、任务实施要点

了解不同规格的特点；不同规格在不同环境下的适用情况；规格制定要合适。

二、20kV 充气开关柜技术参数

型号：西门子 NXPlus C、ABB ZX0、阿海珐公司 GMA。

（一）主要设备及材料技术标准

1. 使用环境条件

环境温度：最高温度：+40℃；最低温度：-5℃；

最大基本时速气温：+10℃；

户内空气相对湿度：≤90%（+25℃）；

海拔高度：≤1 000m；

抗震能力：水平加速度 0.5g；垂直加速度 0.2g；

雷暴日：>90 天（超重雷区）；

最大基本风速：35.4m/s（地面 10m 高，10min 平均）；

地震动参数：地震动峰值加速度为 0.1g，地震动反应谱特征周期均为 0.35s。

安全系统：>2。

2. 高压电气设备的绝缘耐受电压

按 GB311.1 规定。

（二）主要设备技术规格

1. 20kV 开关柜

（1）采用标准

GB3906-2006	《3.6~40.5kV 交流金属封闭开关设备和控制设备》
GB11022-1999	《高压开关设备和控制设备的共用技术要求》
GB1984-2003	《高压交流断路器》
GB1985-2003	《高压交流隔离开关和接地开关》
GB1207-2006	《电压互感器》
GB1208-2006	《电流互感器》
GB16847-1997	《保护用电流互感器暂态特性技术条件》
GB11032-2000	《交流无间隙金属氧化物避雷器》
GB12706-2002	《额定电压 1kV 到 35kV 挤包绝缘电力电缆及附件》
GB12022-89	《工业六氟化硫》
DL/T404-1997	《户内交流高压开关柜订货技术条件》
DL/T3855-1996	《3.6~72.5kV 户内交流高压真空断路器》
DL486-92	《交流高压隔离开关订货技术条件》
GB3804-1990	《3~63kV 交流高压负荷开关》
GB16926-1997	《交流高压负荷开关—熔断器组合电器》
GB1985-1989	《交流高压隔离开关和接地开关》

2. 使用技术条件

表 1－3 使用技术条件

额定运行电压	20kV
最高运行电压	24kV
额定电流	1 250A，出线 630A
额定频率	50Hz
雷电冲击电压	125kV
主回路短时工频耐受电压	50kV，50Hz/min
辅助回路短时工频耐受电压	2kV，50Hz/min
短时耐受电流	25kA
峰值耐受电流	63kA
额定雷电冲击耐受电压（1.2/50 μs）（隔离断口）	145kV
额定雷电冲击耐受电压（1.2/50 μs）（相对相、相对地）	125kV
额定工频耐受电压 1min（相对相、相对地）	50kV
额定工频耐受电压 1min（隔离断口）	60kV
导体表面温度	65 ℃
中性点接地方式	中性点不接地、中性点经消弧线圈接地

任务二 拟订采购市场调查方案

任务描述

某公司目前正在进行一个新的项目，公司的采购部负责采购项目中所需要的设备和物品，为此专门成立了一个采购小组。此外，其还负责公司日常运营所需的物资。

新项目是一条生产线，主机已经确定下来，由于生产线供应商配套的辅机报价过高，公司决定自行配套辅机，其中最重要的辅机是屏蔽网的编织机。按照项目进度要求，马上就要开始采购。同时项目中所需要的一批电缆也到了要采购的时间。除了保证项目顺利进行外，采购部还有两个亟待解决的问题。一是要采购一批电脑，公司去年实施了 ERP 项目，原来电脑的性能达不到 ERP 软件运行的要求，需要一批较高性能的商业电脑，这在公司的预算中已经确定，财务部表示资金已经到位。二是总经理办公室内的桌椅十分陈旧，需要更换，总经理的秘书也曾通知采购部尽快采购。

任务要求：请为公司所要采购的四种商品拟订一个市场调查方案。

知识准备

一、市场调查的目的

市场调查的主要目的是识别采购需求的特征，分析采购需求（产品或服务）在市场中所处的位置，从而确定市场调查的方向。

如果需求处于垄断供应市场或寡头垄断供应市场，就说明需求的竞争水平有限，供应商的市场地位比较强大，应该考虑其他地区的市场，或鼓励新的供应商进入市场，甚至需要准备寻找替代产品。

二、如何拟订市场调查方案

要对特定的分类市场进行竞争分析，要了解谁是市场的领导者，目前市场的发展趋势是怎样的，各大供应商在市场中的定位等，从而对潜在供应商有一个大概的了解。市场调查方案可以遵循下面三个步骤：

第一步：确定市场调查方向。

市场调查方向应该定位在行业协会、政府主管部门、专业展览会、互联网搜索等。

第二步：设定市场调查的具体方式。

市场调查一般主要采用两种方式，一是书面文件调查，即采用供应商调查问卷的方式；二是对供应商的访问或实地考察。对供应商的访问或实地考察，同设计调查问卷类似，也需要确定访问或考察的内容，可以整理成列表的方式，以防在访问或考察时出现可能疏漏某些方面的情况。

第三步：设定市场调查的具体目标与进度。

这个步骤最重要的是要制定市场调查的量化指标，以便后续对供应商名单进行初步筛选。这些目标具体描述了调查的进度安排，调查得出的潜在供应商数量、地区分布、后续行动建议等。除此之外，还要设定市场调查的具体进度安排以及人员安排。

任务实施

任务实施步骤如图 1－10 所示，具体说明如下：

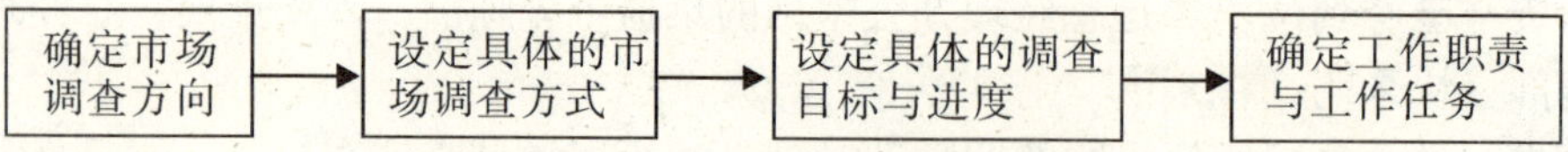

图 1－10　市场调查方案拟订过程

第一步：确定市场调查方向。可以使用表1－4的形式，了解不同渠道所能提供的信息及发挥的作用，从而确定合适的调查方向。

表1－4　采购中的市场调查

产品 渠道	编织机		电缆		商用电脑		办公桌椅	
	信息	作用	信息	作用	信息	作用	信息	作用
行业协会								
政府主管部门								
专业展览会								
互联网								
专业杂志或报纸								

第二步：设定具体的市场调查方式。根据对市场调查渠道方向的分析，确定所使用的调查方式，注意调查方向与方式应当相适应。

第三步：设定具体的调查目标与进度。此时的进度安排应该与企业具体工作的进度相匹配，如按照项目进度计划要求，调整应当在何时开始，何时结束。可考虑使用表1－5的形式，确定调查的目标与进度。

表1－5　市场调查进度

进度与数量 产品	市场调查目标		
	作业时间	潜在供应商数量（家）	供应商调查数量（家）
编织机	10天	5	5
电缆	1周	8	5
商用电脑	1周	10	2
办公桌椅	3天	10	2

第四步：确定以下人员的工作职责和任务。

编织机：采购项目小组。负责人：组长；任务实施：组员A、组长。

电缆：采购项目小组。负责人：组长；任务实施：组员B。

商用电脑：采购部。任务实施：采购员C。

办公桌椅：采购部。任务实施：采购员D。

任务三　设计采购市场调查问卷与市场调查实施

任务描述

任务背景：任务二中某公司采购屏蔽网编织机。

任务要求：设计一份针对屏蔽网编织机供应商的调查问卷，进行调查。

知识准备

一、市场调查问卷

市场调查问卷是一份正式的书面文件，必须使用统一标准，通过问卷完成供应商登记表，管理供应商信息。市场调查问卷针对的信息一般包括：供应商注册地、注册资金、主要股东结构、生产场地、设备、人员、主要产品、主要客户、生产能力等。通过问卷调查并分析这些信息，可以评估其工艺能力、供应的稳定性、资源的可靠性、综合竞争能力。根据市场调查问卷的分析结果，结合市场调查目标，可以获得一个供应商考察名录。

调查问卷包括的调查内容如下：

（一）一般信息

企业基本信息；一般参考信息；财务信息；调查问卷反馈信息。

（二）管理信息

管理架构；管理体系与管理流程；生产流程与品控程序；健康、安全与环保政策。

（三）规模与综合能力

企业规模与员工数量；固定资产；设计水平；研发能力；产量与产能；测试设备与测试能力。

（四）绩效记录

销售历史与现有客户；其他采购组织的交付等级评定；与现有客户合同中的绩效条款。

在设计调查问卷时，要尽可能以选择题的形式提问，每个项目列出多个选项，由被调查者选择，只有需要由被调查者填写的项目，才设计成主观描述的部分，但也要尽可能使被调查者的描述简洁。

调查问卷的设计应考虑便于对结果进行分类、统计与分析，同时还要注意问卷的语气与措辞，避免可能因此而引起被调查者的不快。

二、如何使用调查问卷

根据所确定的市场调查方案开展市场调查。不同的调查方式各有一些优势与缺点，在具体实施调查时要注意。

如需对供应商进行访问或实地考察，应注意做好相应的准备，包括确定考察的内容、考察的时间，以及做好人员与资金的准备。对供应商的实地访问与考察切记不要变成一次走马观花的拜访，花费了时间与金钱而没有得到真实有用的信息。

如采用调查问卷的方式，要注意问卷的发放与回收。

任务实施

任务实施步骤如图 1－11 所示，具体说明如下：

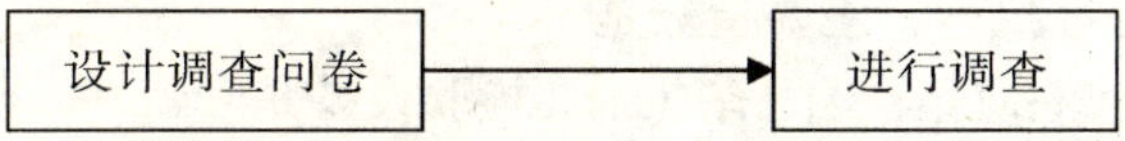

图 1－11　调查问卷实施步骤

第一步：设计调查问卷。范例如下：

天津一汽供应商调查问卷

尊敬的客户，感谢你参加这一次问卷调查，对于你反馈的调查内容，我们将会对采购计划作出适当的修改，配合贵公司的发展。

1. 供应商基本情况

供应商名称：______________________

地址：____________________________

电话：__________________　传真：________________

网址：____________________________

电邮：____________________________

总经理：__________　业务联系人：__________________

手机：____________________　电邮：________________

（1）成立时间：______年______月______日，注册资本：______万元；公司性质：____________；合作方：____________。

（2）工厂占地________m^2，建筑面积______m^2，厂房（自有/租赁）________。

（3）员工总数______人，生产工人______人，技术人员____人，高级职称____人，中级职称______人。

（4）公司组织结构图如何？

（5）公司整体运营流程图如何？

（6）年正常生产______天，每天生产班次平均______班，各班生产时间______小时/天。

（7）主打产品是______，出口比例______%，前年产量______，去年产量______，今年产量______。

（8）工厂设计产量______，现有产量______；比例为______%。

(9) 最大客户是______公司，年供应量______，占总产量______%，交货周期______天。

(10) 最大供应商是______公司，供应的产品是______，年供应量______，发货周期______天。

2. 供应商质量体系

(1) 质量方针政策是______________。

(2) 质量代表是______，职位______________，手机______________。

(3) 质量管理体系结构图如何？(请提供附件)

(4) 是否已通过 ISO9002 认证？□是 (提供证书附件)；□否 (计划何时______)。

(5) 今年质量目标主要是____________。

(6) 来料按______标准执行，主要指标是______。

(7) 是否有质量实验室：□无；□有 (主要检验设备是______)。

3. 供应商生产计划与物料管理

(1) 企划部、生产部、采购部、销售部的关系框架如何？(请提供附件)

(2) 生产计划______人，物料管理______人，客户服务______人，储运操作______人。

(3) 接单、安排生产、交货的主要流程如何？(请提供附件)

(4) 打样______天，首份订单交货周期为______天，正常业务交货周期______天。

(5) 在制品库存______天，成品库存______天；安全库存______天，最低库存______天。

(6) 本地原材料采购周期______天，占总原材料______%，原材料库存______天。

(7) 进口原材料进口周期______天，占总原材料______%，原材料库存______天。

(8) 是否有最小生产批量？ □无；□有 (最小批量是______)。

(9) 确认订单需要______小时。

(10) 采用了哪些软件系统？□MRP；□MRPII；□BPCS；□ERP；□SAP；□其他。

4. 供应商生产技术/工艺水平/工程能力

(1) 开发工程部的功能架构图如何？(请提供附件)

(2) 产品研发______人，工艺______人，工程师______人，其他技术员______人。

(3) 自己设计的产品主要有____________，工具模具有____________。

(4) 自己设计制作的设备有____________。

(5) 新产品的开发周期为______天。

(6) 是否有客户参与产品或工艺的开发？ □无；□有 (请提供记录)

(7) 是否有供应商参与产品或工艺的开发？ □无；□有 (请提供记录)

(8) 应用的设计软件是____________，其功能是____________。

(9) 设备利用率是______%，设备故障率是______%。

(10) 模具制造维修的主要设备设施有____________。

(11) 技术人员年流失率_____%，管理人员年流失率_____%，生产工人年流失率_____%。

5. 供应商环境管理情况

(1) 环境方针/政策是____________。

(2) 环境管理代表是______先生/女士，手机______。

（3）是否已通过 ISO14001 认证？　□是（提供证书附件）；　□否（计划何时______）。
（4）今年环境管理的主要目标是____________。
（5）是否已对公司的产品设计/工厂建设进行了环境影响评估？
是（提供证书附件）；　□否（计划何时______）。
（6）产品中是否含有贵重金属？　□否；　□是（含量是____%）。
（7）包装材料能否循环使用？　□否；　□能。

用户对该供应商的基本情况调查结果/供应商评审委员会初步意见

□优秀供应商；□良好供应商；□一般供应商；□不合格供应商

评审人签名：____日期____年____月____日；核定人签名：____日期____年____月____日
采购人签名：____日期____年____月____日；核定人签名：____日期____年____月____日

第二步：使用调查问卷进行调查。

对于采购编织机，可能需要采购员到供应商处进行现场调查，使用调查问卷向供应商询问有关事项。采购其他物品可以向供应商发送调查问卷。

任务四　分析整理调查数据

任务描述

任务背景：任务二中某公司采购屏蔽网编织机。

公司采购屏蔽网编织机的项目正按计划进行，已经对 5 家供应商的情况进行了调查，下面是其中的一份问卷调查表，需要对这些信息进行分析。

供应商调查问卷

尊敬的供应商：

您好！为了使我公司对贵公司有更充分的了解，便于双方开展合作，需向贵公司了解一些情况。我公司十分感谢您能在百忙之余填写此表，并在此向贵公司郑重承诺：我公司对贵公司所提供的信息严格保密，没有得到贵公司的许可，绝不提供给任何第三方。

以下内容由调查员填写：

调查人：　　　　　　　　　　　　调查日期：

供应商名称：

供应商地址：

供应商联系方式：

以下内容由供应商填写，如果是选择项请在□内打√

一、企业基本信息

供应商法人代表：

供应商工商登记注册资金额：

供应商工商登记注册号：

二、企业规模

1. 固定资产规模	□100 万元以下	□100 万～500 万元	□500 万元以上
2. 年销量	□100 台以下	□100～500 台	□500 台以上
3. 年销售额	□500 万元以下	□500 万～1 000 万元	□1 000 万元以上
4. 员工数量	□100 人以下	□100～500 人	□500 人以上
5. 工程师及以上职称人数	□10 人以下	□10～20 人	□20 人以上
6. 操作工人中获得资格证书人数	□20 人以下	□20～50 人	□50 人以上

三、管理信息

1. 是否有 ERP 或 MRP 等管理信息系统	□是	□否
2. 是否有质量保证体系	□是	□否
3. 质量保证体系是否采用 ISO9000 或 GB19000 体系	□是	□否
4. 质量保证体系是否经过权威部门的认证	□是	□否
5. 工艺与操作过程是否文件化	□是	□否

四、客户情况

请列举贵公司近 3 个月重要客户的供货情况

客户 1：　　　供货情况：__2__台

客户 2：　　　供货情况：__1__台

客户 3：　　　供货情况：__2__台

客户 4：　　　供货情况：__1__台

客户 5：　　　供货情况：__1__台

五、贵公司在员工健康与安全、环境保护及企业社会责任方面的承诺

员工健康与安全：

环境保护：

企业社会责任：

六、贵公司对我公司有何建议

客户签名：

联系电话：

日期：

知识准备

分析工具

对信息的分析有许多方法，包括定性与定量的方法，这里介绍三种方法：PEST 分析、波特五力模型和利用统计学原理分析。

（一）PEST 分析

PEST 分析法是战略外部环境分析的基本工具，它通过政治的（Politics）、经济的（Economic）、社会的（Society）和技术的（Technology）角度或四个方面的因素分析从总体上把握宏观环境，并评价这些因素对企业战略目标和战略规划的影响。

四大方面的影响因素如下：

（1）P 即 Politics，政治要素，是指对组织经营活动具有实际与潜在影响的政治力量和有关的法律、法规等因素。这些因素影响范围广泛，包括政治体制、政党、选举制度、所制定的各种政策措施、国际关系、政府换届选举、国家战略、政府管制措施、发生战争与骚乱等。

（2）E 即 Economic，经济要素，是指一个国家的经济制度、经济结构、产业布局、资源状况、经济发展水平以及未来的经济走势等。构成经济环境的关键要素包括 GDP 的变化发展趋势、利率水平、通货膨胀程度及趋势、失业率、居民可支配收入水平、汇率水平、能源供给成本、市场机制的完善程度、市场需求状况等。

（3）S 即 Society，社会要素，是指组织所在社会中成员的民族特征、文化传统、价值观念、宗教信仰、教育水平以及风俗习惯等因素。构成社会环境的要素包括人口规模、年龄结构、种族结构、收入分布、消费结构和水平、人口流动性等。

（4）T 即 Technology，技术要素。技术要素不仅仅包括那些引起革命性变化的发明，还包括与企业生产有关的新技术、新工艺、新材料的出现和发展趋势以及应用前景。在过去的半个世纪里，最迅速的变化就发生在技术领域，像微软、惠普、通用电气等高新技术公司的崛起改变着世界和人类的生活方式。同样，技术领先的医院、大学等非盈利性组织，也比没有采用先进技术的同类组织具有更强的竞争力。

（二）波特五力模型

迈克尔·波特于 20 世纪 80 年代初提出了五力模型，用来对一个行业的竞争环境进行分析。波特认为一个企业的利润是基于行业的利润水平，而一个行业的利润情况受到五种力量的影响。

一个行业中的五种力量决定了行业的利润水平，也决定了企业的许多行为，用五力模型来研究企业可以使得我们对许多企业的行为有合理的解释。对五种力量更具体的描述如下：

（1）新进入者的威胁。新竞争者的加入必然会打破市场平衡，引发现有竞争者的竞争反应，也就不可避免地需要调入新的资源用于竞争，因此使收益降低。

（2）替代品的威胁。市场上可替代你的产品和服务的存在意味着你的产品和服务的价格将会受到限制。

（3）买方的讨价还价能力。如果买方拥有讨价还价能力，他们一定会利用它。这会减少你的利润，其结果是影响收益率。

（4）供方的讨价还价能力。与买方相反，供方会设法提高价格，其结果同样会影响你的收益率。

（5）现有竞争者的竞争能力。竞争会导致对市场营销、研究与开发的投入或降价，结果同样会减少你的利润。

（三）利用统计学原理分析

此处内容略。

任务实施

任务实施步骤如图 1－12 所示，具体说明如下：

设定评分标准 → 评分 → 设定权重系数 → 综合评判

图 1－12　对供应商的综合评判过程

第一步：设定评分标准。根据调查内容，确定每项采用什么评分标准。

第二步：评分。如果有不同意见，评分时可以讨论协商。

第三步：设定权重系数。可以根据每项确定一个权重系数。

第四步：综合评判。可以用表 1－6 来对每个供应商的情况进行综合评判。

表 1－6　对供应商的综合评判

	供应商 A	供应商 B	……	权重系数
固定资产规模				
年销量				
年销售额				
员工数量				
工程师及以上职称人数				
操作工人中获得资格证书人数				
是否有 ERP 或 MRP 等管理信息系统				
是否有质量保证体系				
质量保证体系是否采用 ISO9000 或 GB19000 体系				
质量保证体系是否经过权威部门的认证				
工艺与操作过程是否文件化				
员工健康与安全				
环境保护				
客户情况				
企业社会责任				
综合得分				

任务五　撰写调查报告

任务描述

任务背景：任务二中某公司采购屏蔽网编织机。

采购项目小组按照项目计划完成了对供应商的调查，并进行了分析，需要尽快向公司的管理层提交一份调查报告，由公司领导确定一家或两家供应商，或通过谈判或通过招标，与供应商达成提供屏蔽网编织机的协议，确保整个生产线能按时投入生产。

知识准备

调查的最后阶段是撰写报告，撰写报告是很重要的，它代表了你调查工作的成果和业绩。撰写调查报告的目的有：一是要表达出你想表达的东西；二是要让别人能看懂。两者缺一不可。调查报告的结构与写作技巧见表1－7，表1－8。

表1－7　市场调查报告的结构

部分	内涵
标题	即市场调查的题目。标题必须准确揭示调查报告的主题思想。标题要简单明了、高度概括、题文相符
前言	也称引言，是市场调查报告的开头，一般是交代调查的时间、地点、对象、范围、目的、方法等，点明文章的基本观点或概括出文章的主要内容，强调文章得出的结论或文章显示的重要意义，使读者对文章有个概括的印象，对调查对象有个基本的了解
主体	这是市场调查报告的主要内容，包括： （1）基本情况部分：介绍调查获得、经过归纳整理的资料数据及图表，说明被调查对象过去和目前的商情 （2）分析预测部分：通过资料的分析和研究，预测今后市场发展变化的趋势，从而对市场的前景作出正确的判断 （3）措施建议部分：根据分析及结论，提出有针对性的对策或措施
结语	可以概括全文的观点，写出总结式的意见，或说明调查中存在的问题，主要的情况，发展倾向，或预测可能遇到的风险等。也可以不另加结尾

表 1－8　市场调查报告的写作技巧

技巧	内涵
叙述的技巧	市场调查的叙述，主要用于开头部分，叙述事情的来龙去脉，表明调查的目的和根据，调查的过程和结果。市场调查报告常用的叙述技巧有：概括叙述、按时间顺序叙述、叙述主体的省略
说明的技巧	市场调查报告常用的说明技巧有：数字说明、分类说明、对比说明、举例说明等
议论的技巧	市场调查报告常用的议论技巧有：归纳论证和局部论证
语言运用的技巧	语言运用的技巧包括用词方面和句式方面的技巧。数量词、介词和专业词用得较多，句式上多用陈述句，陈述调查过程、调查到的市场情况，表示肯定或否定判断

任务实施

任务实施步骤如图 1－13 所示，具体说明如下：

任务实施步骤说明：每一份报告都有作者、主题、目的和目标读者，所以报告的写作必须经过规划，并分为三步：

第一步：撰写调查报告的准备。

图 1－13　报告写作过程

在开始写作前要考虑：自己、资料、资源、目的、目标读者。

第二步：撰写调查报告。

在报告写作过程中要考虑：格式、布局及编号，风格与语言特点。

第三步：提交调查报告。

在报告写作完成后：检查、分发或提交。

注意：一定要记住报告本身只是一个开始，而不是结束。在每个阶段，都试着回答以下的问题：

（1）写作目的何在？

（2）目标读者是谁？

（3）什么是读者感兴趣的东西？

（4）读者想要了解什么内容？

（5）读者能够理解报告中的遣词造句吗？

（6）有哪些问题会妨碍到读者对报告的理解？

实训项目

任务背景：

北美大汽车企业为了实现成本优化，决定向低成本国家如中国、马来西亚等国家采购大部分乘用车的主要备件。北京 RR 公司作为企业的代理商，受委托采购下列产品：

（1）轮胎及轮辋组合件。

（2）前后灯光组合件及车内阅读灯。

（3）内饰织物。

（4）刹车系统组合件。

RR 公司由供应商开发经理带领 4 名助理，负责这个项目。

实训要求：

（1）使用合适的规格对这些物品进行描述。

（2）试着对项目中的汽车部件市场进行初步的分析。针对准备采购的轮胎及轮辋，确定市场调查方案，并为市场调查团队确定工作职责与工作任务。

（3）针对北京 RR 公司准备采购的轮胎及轮辋，请为其设计一份供应商调查问卷。

（4）对供应商调查以后需要对他们有一个系统的评价，请设计一个评分表，并给每个评价项目设定权重系数。

（5）针对需要采购的这 4 种部件，为 RR 公司提交一份市场调查报告。

子学习情境 3 生产企业采购计划与预算制订

任务一 把销售计划转变为生产计划

任务描述

任务要求：把销售计划转变为生产计划

3A 公司（本子学习情境中的任务背景企业都是 3A 公司）是一家生产企业，企业针对某类型产品制订了如表 1 - 9 所示的销售计划，经企业高层批准后，计划部门要依据销售计划制订生产计划，同时为了能及时满足客户可能有的额外订货，销售部门还要求每月的月末该型产品必须保证有当月销量 30% 的存货。计划部门经检查，了解到前一年年末该型产品的存货还有 93 台。

表1-9 某企业某年销售计划 （单位：台）

月份	1月	2月	3月	4月	5月	6月	7月	8月	9月	10月	11月	12月
销售量	261	238	202	268	302	249	278	222	161	234	179	294

知识准备

一、组织的计划

通俗地讲，计划是为了达到某个特定的目标而制订的一个活动顺序。制订活动的顺序是因为：

(1) 活动本身的要求，如果活动不按照这个次序进行，其结果是无法达到特定的目标。如生产企业加工一个零件、组装一个产品都有严格的加工次序要求，如果不按这个次序，轻者返工，重者质量不合格，甚至零件或产品报废。

(2) 一个组织的资源在任何时候都是有限的，都会受到多种条件的制约，如果不对活动进行精心的安排，其结果可能是目标无法实现，同时也造成资源的浪费，使组织的利润减少或缺乏竞争力。所以大到一个国家，小到企业的一个部门，都需要对自己的行动作出计划。从时间的角度可以把一个组织的计划分为长期计划、中期计划和短期计划。

二、销售计划与生产计划

销售计划与生产计划是组织内重要的计划，是制订采购计划的依据。或者说制订采购计划的直接目的是保证销售计划或生产计划的实现。

(1) 销售计划。销售计划是指规定企业在计划期内（年度、季度、月份）销售产品的品种、质量、数量和交货期，以及销售收入、销售利润等。它是以企业与客户签订的供货合同和对市场需求的预测为主要依据编制的。

(2) 生产计划。生产计划是指规定企业在计划期内（年度、季度、月份）所生产产品的品种、质量、数量和生产进度以及生产能力的利用程度。

三、销售计划与生产计划的关系

生产计划是确定企业在计划期内生产产品的实际数量及其具体的分布情况，它是以销售计划为主要依据，加上企业管理人员的定量分析和判断而编制的。生产量与销售量和存货量之间存在以下关系：生产量 = 当期销售量 + 期末存货量 - 期初存货量。

四、采购计划与预算的岗位职责

（一）采购计划主管的岗位职责

主要负责组织编制采购计划和采购预算，并对其执行情况进行监督检查。

职责1 根据采购经理的工作安排，做好采购计划及预算管理工作；

职责2 汇总公司物资材料的月、季及年度的申购计划，组织编制月、季和年度采购计划；

职责3 组织编制采购预算，交财务部审核后监督其执行情况；

职责4 实时掌握物资材料的库存情况，对所订购的物资从订购至到货实行全程跟踪；

职责5 深入了解市场的竞争态势，多方收集供应商信息，不断拓宽供货渠道；

职责6 监控库存变化，及时补充库存，使库存维持合理的结构和合理的数量；

职责7 完成上级交付的其他任务。

（二）采购计划专员岗位职责

职责1 分析原材料、零部件历史消耗数据，依据主要生产计划编制物料需求计划；

职责2 依据物料需求计划和物料的库存情况，编制年度采购计划；

职责3 汇总公司物资材料的月、季及年度的申购计划，编制月、季采购计划；

职责4 对非计划备货物料，根据订单要求编制临时采购计划，以满足供货要求；

职责5 跟踪订单情况，监督采购物料及时到货，保障库存，并满足销售订单及生产需求；

职责6 完成上级交付的其他任务。

（三）采购预算专员岗位职责

职责1 在采购计划主管及财务部预算员的指导下，确立采购预算原则；

职责2 对公司各部门的采购预算进行综合和平衡，汇总报公司决策层通过后下达实施；

职责3 协助采购计划主管监督采购预算的执行情况；

职责4 根据采购需求的变化情况，提出采购预算修正案并上报；

职责5 对采购预算执行情况进行分析，并编制预算执行报告；

职责6 完成上级交付的其他任务。

任务实施

此任务是通过一个简单的实例来说明如何把销售计划转化为生产计划。任务实施步骤如图1－14所示，具体说明如下：

确定存货计划 → 确定生产计划

图1－14 销售计划转化为生产计划

第一步：确定存货计划，计算出期末存货数量。此任务中期末的存货数量没有明确给出，而这是不可缺少的中间变量，所以要计算出来。根据销售部门的要求，可以计算出每月月末的存货量，如表 1－10 所示。

表 1－10　该型产品某年存货计划　（单位：台）

月份	1 月	2 月	3 月	4 月	5 月	6 月	7 月	8 月	9 月	10 月	11 月	12 月
计划存货量	79	72	61	81	91	75	84	67	49	71	54	89

第二步：计算生产量。前一年年末的存货量是 93 台，即今年 1 月份期初存货量是 93 台，1 月份的计划销售量是 261 台，1 月份的月末计划存货量是 79 台，根据公式：生产量＝当期销售量＋期末存货量－期初存货量，可以得出 1 月份的生产量，为 261＋79－93＝247 台。以此类推，得到表 1－11 的该型产品的生产计划。

表 1－11　该型产品某年生产计划　（单位：台）

月份	1 月	2 月	3 月	4 月	5 月	6 月	7 月	8 月	9 月	10 月	11 月	12 月
计划生产量	247	231	191	288	312	233	287	205	143	256	162	329

实训项目

（子学习情境二中的实训项目皆以此案例为背景）

YFU 公司是一家专业生产减速机的企业，生产多个大类、几十种型号的减速机产品。公司地处华南某省会城市，成立时间较早，一直发展较好，公司的 YFU 品牌以优异的产品质量在国内的专业市场上享有一定声望，在全国市场占有率排在前几名，是当地的知名企业。但最近两三年，公司的发展速度有所下降，产品在市场上的优势已经不明显，公司似乎遇到了发展瓶颈。

实训要求：

YFU 公司的销售部门预测了第二年的销量，制订了部门的销售计划（如表 1－12），经过与公司的反复协商，又对计划进行了调整，整个的销量要比去年提高 20% 左右。为此公司也要求其他部门，特别是生产与采购，全力配合销售部门的工作，努力实现甚至超额完成目标。销售计划确定后，公司与其他部门结合销售计划，开始制订本部门的年度计划与预算。

在销售计划中，销售部门为了防止由于销售预测不准确可能导致的失销，希望在每个月末每种产品都保留一定的安全库存量，摆线针轮式减速机是主打产品，要求有当月销量 40% 的安全库存，其他产品要求有 30% 的安全库存。

请帮助 YFU 公司制订第二年的生产计划，表 1－13 显示了 YFU 公司年末部分产品的库存量。

表 1－12　YFU 公司某年部分产品销售计划　　（单位：台）

	型号	1月	2月	3月	4月	5月	6月	7月	8月	9月	10月	11月	12月
摆线针轮式减速机	BJA－031	274	251	215	281	315	262	291	235	174	247	192	307
	BJB－011	344	676	607	494	593	425	350	522	621	613	396	404
	BJB－021	322	255	299	257	242	306	231	263	257	300	225	289
	BJB－031	1 071	966	1 088	891	991	969	851	826	907	1 244	1 358	1 106
	BJC－021	111	91	83	77	76	131	118	94	67	128	91	71
涡轮蜗杆式减速机	OJA－012	374	328	448	423	254	441	438	479	284	364	378	303
	OJB－015	568	486	300	303	472	468	336	478	349	285	280	582
	OJC－014	96	125	75	84	89	80	100	130	119	139	132	144
无极式减速机	MJA－023	564	660	784	1 005	533	499	600	669	585	819	696	713
	MJB－134	423	335	302	550	337	336	384	519	278	318	454	359
	MJC－221	458	535	438	386	417	273	512	601	592	445	418	533
普通三级减速机	SJC－017	137	136	168	186	137	123	131	120	181	133	189	215
	SJC－118	203	238	194	171	185	121	227	267	263	197	185	236
	SJC－219	420	343	251	407	390	259	362	401	254	183	426	281

表 1－13　YFU 公司年末部分产品存货　　（单位：台）

型号		年末存货
摆线针轮式减速机	BJA－031	154
	BJB－011	135
	BJB－021	110
	BJB－031	233
	BJC－021	59
涡轮蜗杆式减速机	OJA－012	90
	OJB－015	136
	OJC－014	30
无极式减速机	MJA－023	202
	MJB－134	167
	MJC－221	187
普通三级减速机	SJC－017	40
	SJC－118	77
	SJC－219	166

任务二　编制中长期采购计划

任务描述

任务要求：根据生产计划制订采购计划

在任务一中，3A公司已经制订了某型产品的生产计划（如表1－11所示），该型产品的BOM清单见表1－14，产品中所有的零件和部件都是外购件，需要确定该产品的采购计划。经查部件B的现有存货为310件，部件C现有存货650件。

表1－14　产品的BOM清单

零件代码及层次		每一装配件需用的数量	前置时间（周）
0	1		
A			0.2
*	B	2	4
*	C	1	2

知识准备

一、编制采购计划需要的基础数据

（一）产品结构文件（BOM）

产品结构文件也称物料清单（BOM），它是生产某最终产品所需的零部件、辅助材料或材料的目录。

在产品结构文件中，各个零件处于不同的层次。每一层次表示制造最终产品过程中的一个阶段。通常，最高层为零层，代表最终产品项；第一层代表组成最终产品项的零部件；第二层为组成第一层零部件的零部件……以此类推，最低层为零件和原材料。各种产品由于结构复杂程度不同，产品结构层数也不同。图1－15和表1－15表示了某产品P的产品结构层次图和物料清单。

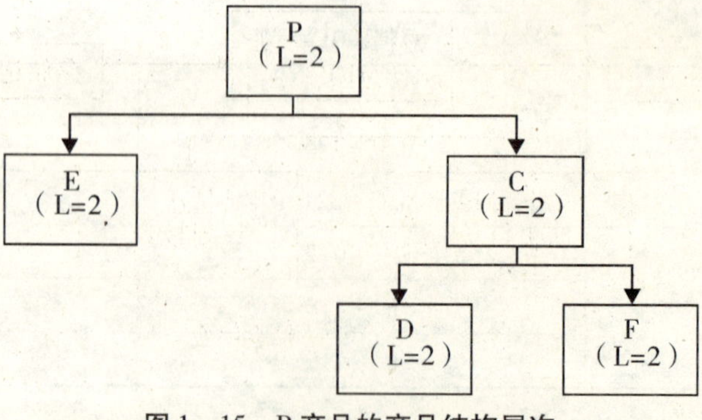

图1－15　P产品的产品结构层次

表 1－15 P 产品的物料清单

零件代码及层次			每一装配件需用的数量	前置时间 L
0	1	2		
P				2
*	C		1	2
*		D	1	1
*		F	2	2
*	E	*	2	2

（二）物资消耗定额

物资消耗定额，是在一定的生产技术组织条件下，生产单位产品或完成单位工作量需要消耗物资的标准量。物资消耗定额不仅是决定物资需求量的依据，也是计算产品成本的依据。物资消耗定额一般由有效消耗、工艺性消耗和非工艺性消耗组成。

物资消耗定额的确定方法有多种，可以较精确地计算出零件的有效消耗和工艺性消耗，还可以通过对以前材料消耗的统计分析确定消耗定额，也可以根据技术人员或采购人员的经验估算出消耗定额。

（三）MRP 的原理与逻辑

MRP 采用逆向计划过程，这是一种计算一项操作的开始日期和完成日期的技术。MRP 的基本任务是：①从最终产品的生产计划（独立需求）导出相关物料（原材料、零部件等）的需求量和需求时间（相关需求）；②根据物料的需求时间和生产（订货）周期来确定其开始生产（订货）的时间。MRP 的逻辑流程关系见图 1－16。

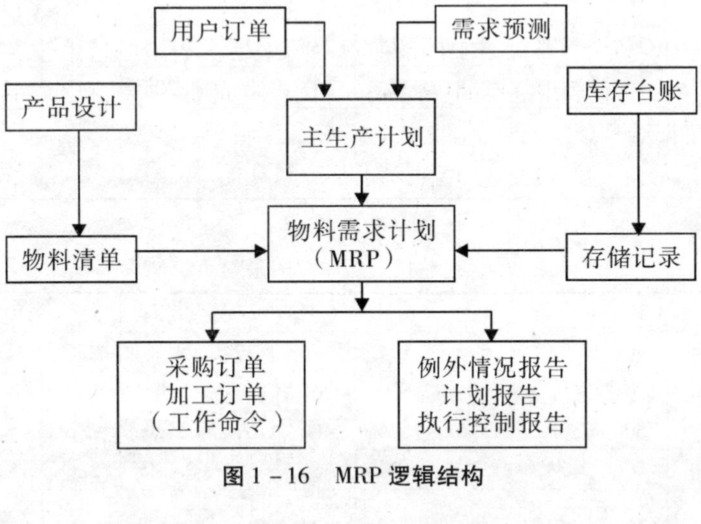

图 1－16 MRP 逻辑结构

任务实施

实施步骤如图 1－17 所示，具体说明如下：

第一步：根据 BOM 清单，确定所需要的零件数量。第二步：检查这些零件现有的存货数量，确定需要采购的数量。第三步：根据采购的提前期确定采购的时间。

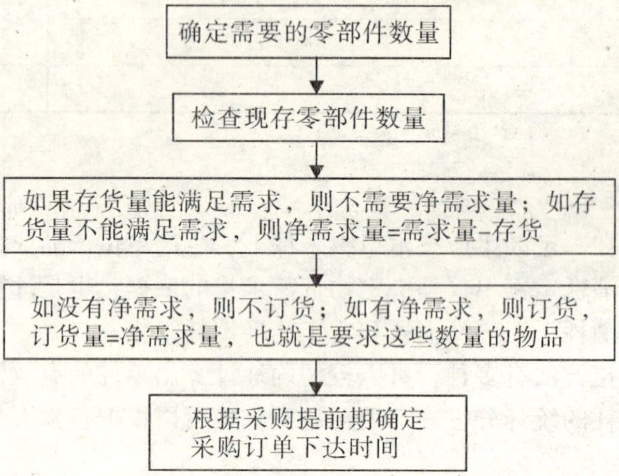

图 1－17　采购计划制订过程

部件 B 和部件 C 的采购计划如表 1－16 和表 1－17 所示。

表 1－16　部件 B 的采购计划　（单位：台）

部件 B	0	1 月	2 月	3 月	4 月	5 月	6 月	7 月	8 月	9 月	10 月	11 月	12 月
需求量		247	231	191	288	312	233	287	205	143	256	162	329
存货量	310	63	0	0	0	0	0	0	0	0	0	0	0
净需求量		0	168	191	288	312	233	287	205	143	256	162	329
采购到达		0	168	191	288	312	233	287	205	143	256	162	329
采购计划发出		168	191	288	312	233	287	205	143	256	162	329	

表 1－17　部件 C 的采购计划　（单位：台）

部件 C	0	1 月	2 月	3 月	4 月	5 月	6 月	7 月	8 月	9 月	10 月	11 月	12 月
需求量		494	462	382	576	624	466	574	410	286	512	324	658
存货量	650	156	0	0	0	0	0	0	0	0	0	0	0
净需求量		0	306	382	576	624	466	574	410	286	512	324	658
采购到达		0	306	382	576	624	466	574	410	286	512	324	658
采购计划发出		306	382	576	624	466	574	410	286	512	324	658	

注：（1）部件 B 和部件 C 的需求量是根据表 1－11 的产品生产量和表 1－14 的产品 BOM 清单，产品的生产量分别乘以 1 和 2 得到的；

（2）产品 A 的前置期是 0.2 周，即产品的组装时间是一天，此前置期可以不用考虑；

（3）部件 B 的前置期是 2 周，不是 1 个月，但为了保证当月产品的生产，做计划时也要提前到上个月份采购。

实训项目

一、产品结构层次图

YFU 公司的 OJB－015 产品是其主要产品之一，产品的 BOM 清单如表 1－18 所示，试画出产品结构层次图。

表 1－18　OJB－015 产品的 BOM 清单

0 级	1 级	2 级	3 级	数量	属性	前置期（周）
OJB－015					装配件	1
	OJB015－01			2	装配件	1
		OJB015－01－02		1	装配件	1
			OJB015－01－02A	1	加工件	1
			BZ4604	2	外购件	0.2
			OJB015－01－02B	1	加工件	2
		OJB015－01－03		1	外购件	4
		Y07B－03－12		2	装配件	1
			Y07B－03－12A	1	加工件	1
			Y07B－03－12B	1	加工件	1
			Y07B－03－13C	2	加工件	2
			BZ4604	2	外购件	0.2
	BZ4612			8	外购件	0.2
	OJB015－02			1	装配件	1
		OJB015－02－01		2	加工件	2
		Y12C－11－13		1	加工件	1
		BZ4702		4	外购件	0.2
	Y12A－04			1	外购件	4

二、确定物资消耗

OJB－015 产品中的零件 OJB015－01－02A 是一个简单的轴类零件，由 YFU 公司自己加工，零件的简图如图 1－18 所示。工艺部门给出的材料规格是直径 45mm，长度 105mm，棒材质是 45#钢，采购部门也一直按此规格购买。但近期市场上十分缺乏这种规格的材料，采购部门询问了多家供应商都没有，只有直径 40mm 和 50mm 的材料。采购部门应如何购买？此零件的有效消耗、工艺性消耗和非工艺性消耗分别是多少千克？（钢的比重是 7.85g/cm^3）

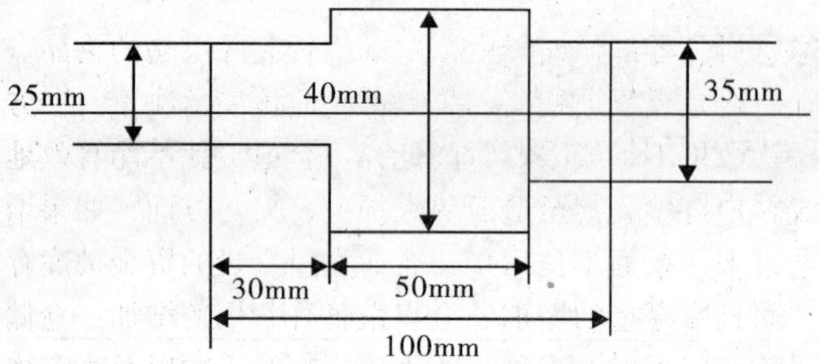

图 1－18　零件 OJB015－01－02A

三、编制采购计划

OJB－015 产品中的部件 Y12A－04 是非常重要的部件之一，请根据任务一实训项目所制订的生产计划，编制该部件的采购计划，该部件上年年末还有 723 件的存货。

任务三　制定短期采购决策

任务描述

3A 公司产品的制造过程中需要使用的辅助材料，如各种型号的砂轮、钻头等，还有生产中用的润滑油和润滑液。

（1）某型号的砂轮片每年的需求量是 3 600 片，每次订货成本为 20 元，物品单价每片 40 元，年存储成本率为 25%，请确定其经济订货批量是多少。

（2）某型号的润滑液一般平均每天会使用 20 千克，向供货商订货后一般是 3 天后送到，考虑到使用时因为浪费而增加用量，有时供应商送货可能延迟，确定的安全库存量是 50 千克，公司该型号的润滑油还剩多少时就应该订货了？

（3）润滑油在设备中用得最多，生产中也会用到。润滑油公司是每个月采购一次，向经销商订货后，经销商一般 5 天后送到，平均每天的用量在 10 千克左右，润滑油的安全库存是 80 千克，润滑油的最大库存量是多少千克？

知识准备

一、短期采购决策

在任务一中我们学习了如何制订采购计划，重点是中长期的采购计算。在日常的经营活动中，同样需要进行大量的采购决策，都属于短期采购计划。这些决策无外乎计划在什么时间采购，采购多少等。

在生产企业中，原材料、零部件属于由采购部门控制并采购的物品。对于这部分物品，采购量大，支出金额高，一般是反复地购买，采购部门应该谨慎决策。一方面这些物品与生产有着直接的关系，如果采购数量不足或采购时间选择不合适，就不能有效地组织供应，后果是企业停工待料，不能完成客户订单，甚至造成更大损失；另一方面，如果增加采购数量，会造成库存量的增加，同样会带来一系列不良后果，企业大量宝贵的资金被库存的原材料所占压，会给企业经营带来困难，而且库存量的增加还会引发各种费用的增加：仓储费用、管理费用、存货的变质、贬值等。采购部门可以有多种方法来确定何时采购以及采购多少，在此介绍两种基本的订货模型：定量订货模型与定期订货模型。

二、采购数量与采购时间的决策

不管采用什么订货模型，采购决策就是要确定采购的数量和采购的时间。

（一）定量订货模型

定量订货法是指当库存量下降到预定的最低库存量（订货点 *R*）时，按规定（数量一般以经济批量 *EOQ* 为标准）进行订货补充的一种库存控制方法。它主要靠控制订货点和订货批量两个参数来控制订货进货，达到既能最好地满足库存需求，又能使总费用最低的目的。库存量变化见图 1－19。

1. 订货数量

从图 1－19 可以看出，系统的最大库存量为 *Q*，最小库存量为 0，不存在缺货。库存按数值为 *D* 的固定需求率减少。当库存量降到订货点 *RP*（Reorder Point）时，就按固定订货量 *Q* 发出订货。经过固定的订货提前期 *LT*，新的一批订货 *Q* 到达（订货刚好在库存变为 0 时到达），库存量立即达到 *Q*。显然平均库存量为 *Q*/2。

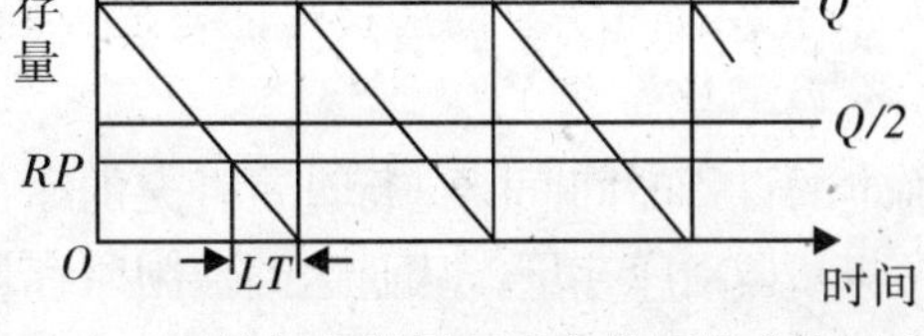

图 1－19　经济订货批量假设条件下的库存量变化

$$C_T = C_H + C_R + C_P = H\ (Q/2)\ + S\ (D/Q)\ + p \cdot D \tag{9.1}$$

式中，S 为一次订货费或调整准备费；H 为单位维持库存费，$H = p \cdot h$，p 为单价，h 为资金效果系数；D 为年需求量。

年维持库存费 C_H随订货量 Q 增加而增加，是 Q 的线性函数；年订货费 C_R与 Q 的变化呈反比，随 Q 增加而下降。不计年采购费用 C_P，总费用 C_T曲线为 C_H与 C_R曲线的叠加。为了求出经济订货批量，按照求极值的要求，我们对式（9.2）对 Q 求导，并令一阶导数为零，可得：

$$Q^* = EOQ = \sqrt{\frac{2DS}{H}} \tag{9.2}$$

式中，Q^*为最佳订货批量或称经济订货批量。

由于 C_P与订货量大小无关（年需求量是固定的），C_T曲线最低点对应的订货批量就是最佳订货批量，如图 1－20 所示。

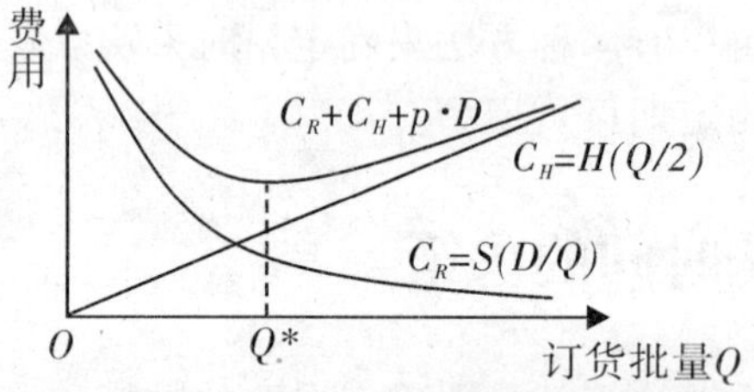

图 1－20　年费用曲线

2. 订货时间

定量订货模型的订货时间是不固定的，当库存量达到或低于某个数量就订货，这个数量就是再订货点。所以定量订货模型是由再订货点触发订货行为的，考查图 1－19，再订货点的设置是基于这样的考虑，从发出订单一直到货物到达，在整个的前置期内我们得不到任何货物的补充，所以再订货点的数量就要满足在整个前置期内的需求。所以就有下面的公式：

$$ROP = R \times LT \tag{9.3}$$

式中：ROP——再订货点，以单位计；

R——前置期内的日平均需求量，以单位计；

LT——采购前置期，以日计。

（二）定期订货模型

定期订货模型是按预先确定的订货时间间隔进行订货补充的库存管理方法。它是基于时间的订货控制方法，它设定订货周期和最高库存量，从而达到控制库存量的目的。只要订货间隔期和最高库存量控制合理，就可能实现既能保障需求，合理存货，又可以节省库存费用的目标。

定期订货模型的原理：预先确定一个订货周期和最高库存量，周期性地检查库存，根据最高库存量、实际库存、在途订货量和待出库商品数量，计算出每次订货批量从而发出订货指令，组织订货。其库存变化如图1－21所示。

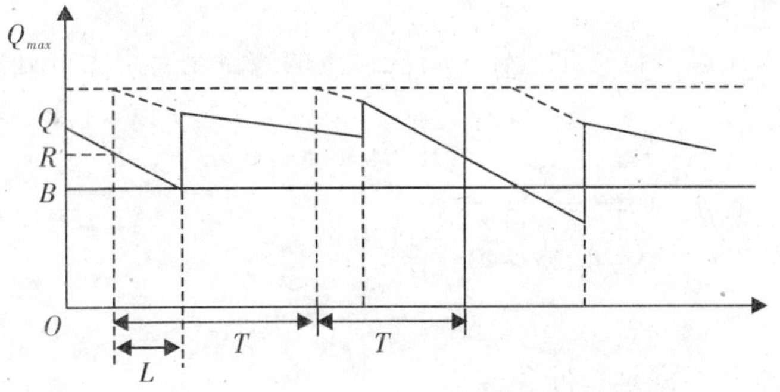

图1－21　库存变化图

1. 订货周期 T 的确定

订货周期实际上就是定期订货的订货点，其间隔时间总是相等的。订货间隔期的长短直接决定最高库存量的大小，即库存水平的高低，进而也决定了库存成本的多少。所以，订货周期不能太长，否则会使库存成本上升；也不能太短，否则会增加订货次数，使得订货费用增加，进而增加库存总成本。从费用角度出发，如果要使总费用达到最低，我们可以采用经济订货周期的方法来确定订货周期 T，其公式为：

$$T^* = \sqrt{\frac{2C}{KM}}$$

式中：C——每次订货成本；

K——单位货物的年保管费用；

M——单位时间内库存商品需求量（销售量）；

T^*——经济订货周期。

在实际操作中，经常结合供应商的生产周期来调整经济订货期，从而确定一个合理可行的订货周期。当然也可以结合人们比较习惯的时间单位，如周、旬、月、季、年等来确定经济订货周期，从而与企业的生产计划、工作计划相吻合。

2. 订货量的确定

定期订货模型的订货数量是不固定的，订货批量的多少都是由当时的实际库存量的大小决定的，考虑到订货点时的在途到货量和已发出出货指令、尚未出货的待出货数量（称为订货余额），每次的订货量的计算公式为：

订货量＝平均每天的需求量×（提前期＋订购间隔）＋安全库存－实际库存量（公式一）

安全库存＝（预计每天最大耗用量－每天正常耗用量）×提前期（公式二）

任务实施

（一）计算经济订货批量

如果有比较准确的数据，采用经济订货批量作为每次订货的数量是有很大好处的。计算时把数据代入公式即可。

$$\text{砂轮片的经济订货批量} = \sqrt{\frac{2SR}{CI}} = \sqrt{\frac{2 \times 3\,600 \times 20}{0.25 \times 40}} = 120\text{ 片}$$

（二）计算再订货点

此任务是掌握如何利用定量订货模型，来确定订货时间和订货数量。而订货时间是与存货数量有关，就是存货数量达到某一数量时，触发了订货行为，这个数量就是再订货点。所以，此任务的核心就是计算再订货点。

润滑液的再订货点 $= 20 \times 3 + 50 = 110$ 千克

（三）计算最大库存量

此任务是掌握如何利用定期订货模型，来确定订货时间和订货数量。定期订货模型中订货时间是先要确定的，每隔相同的时间订货即每月订一次货，每次的数量都是不同的，为了控制存货量，要设定一个关键参数：最大库存量。所以，此任务的关键是确定最大库存量。

润滑油的最大库存量 $= (30 + 5) \times 10 + 80 = 430$ 千克

实训项目

YFU 公司在生产中大量使用了各种辅助材料，使用量较大的如各种型号的砂轮片、润滑油和润滑液等。虽然按照生产工艺，这些材料的使用说明都规定了用量，但实际用量和规定相差很多，因为使用量和操作人员的熟练程度与技能情况有关。

这些材料的采购由采购部向供应商下订单，供应商是当地的经销商。为了保证存货量不会过多，都是用定量订货的方法，仓库按要求每天向采购部报告，用 EXCEL 表格统计存货量，报给采购部。采购部检查每种物料是否达到或低于再订货点，达到或低于再订货点就给供应商下订单。

但现实情况有些问题，仓库并不是每天给采购部报告，报告的数字有时很不准确，仓库解释如果每天检查工作量会很大。采购部门有一名采购员负责此事，有时一天要下很多订单，工作量也很大。而生产车间却时常因为这些物料的短缺影响了生产，生产部门有许多不满。

实训要求：YFU 公司可以采取哪些具体的措施解决这些问题？

任务四　采购预算的编制

任务描述

任务要求：根据销售预算编制采购预算

YFU 公司 2012 年度只产销一种产品，单位售价为 75 元，预计全年产销量为 6 000 件，其中一季度 1 000 件，二季度 1 500 件，三季度 2 000 件，四季度 1 500 件。预计在各季销售中有 40% 当季收到现金，其余 60% 在下季收到现金。年初应收账款余额 24 000 元将在一季收回。根据上述资料编制 YFU 公司 2012 年度销售预算及预计现金收入计算表（如表 1－19 所示），请在此基础上编制采购预算。

表 1－19　YFU 公司 2012 年度销售预算表

项目	一季度	二季度	三季度	四季度	全　年
预计销售量（件）	1 000	1 500	2 000	1 500	6 000
销售单价（元）	75	75	75	75	75
预计现金收入（元）					
期初应收账款（元）	24 000				24 000
一季度销售收入（元）	30 000	45 000			75 000
二季度销售收入（元）		45 000	67 500		112 500
三季度销售收入（元）			60 000	90 000	150 000
四季度销售收入（元）				45 000	45 000
现金收入合计（元）	54 000	90 000	127 500	135 000	406 500

知识准备

所谓采购预算，就是一种用数量来表示的计划，是将企业未来一定时期内经营决策的目标通过有关数据系统地反映出来，是经营决策具体化、数量化的表现。

一、编制采购预算方案

采购预算，是指采购部门在一定计划期间（年度、季度或月度）编制的采购材料的用款计划。其编制内容、依据和影响因素如下：

表1-20　采购预算编制方案说明

内涵	编制目的	预算内容	编制依据	影响因素
采购预算是指采购部门在一定计划期间（年度、季度或月度）编制的材料采购用款计划	1. 采购部门可以凭采购预算进行采购和控制采购用款支出 2. 方便财务部门据此筹措和安排所需资金，保证资金需求计划的正确性 3. 采购部门通过采购预算协调与财务部门之间的关系	列入采购预算的各种材料的采购数量和金额，以企业进行生产和经营维修所需的原材料、零部件、备件等为主。设备更新和基本建设所需的机器设备和工程材料，则应另编单项采购预算，不包括在计划期间的采购预算内	1. 计划期间生产和经营维修所需材料的计划需用量 2. 预计本期期末库存量 3. 计划期期末结转库存量 4. 材料计划价格	1. 采购环境 2. 年度销售计划 3. 用料清单 4. 存量管制卡 5. 物料标准成本的设定 6. 生产效率

二、采购预算编制方法

表1-21　采购预算编制方法

方法名称	优点	缺点	适用范围
固定预算	简便易行、较为直观	1. 机械呆板，可比性差 2. 不利于正确地控制、考核和评价采购预算的执行情况	适用于在一定范围内相对稳定的采购项目，如采购金额变化很小，或者金额固定的采购项目
弹性预算	1. 克服了传统预算编制方法的缺陷，扩大了预算的适用范围 2. 有利于客观对预算执行情况进行控制、考核、评价 3. 避免了由于业务量发生变化而对预算的频繁修订	操作复杂，工作量大	1. 适合于采购数量随着业务量变化而变化的采购 2. 适用于市场价格及市场份额不确定的企业
滚动预算	1. 利于根据前期预算的执行情况及时调整和修订近期预算 2. 有助于保证采购支出的连续性和完整性 3. 能够充分发挥预算的指导和控制作用	操作复杂，工作量大	适用于规模较大、时间较长的工程类或大型设备采购项目的预算

（续上表）

方法名称	优点	缺点	适用范围
增量预算	方法简便、容易操作	1. 使预算中的某些不合理因素得以长期沿袭 2. 容易使基层预算单位养成资金使用上“等、靠、要”的思维习惯	适用于由于某些计划采购项目的实现，而相应增加的支出采购项目
零基预算	1. 确保重点采购项目的实现 2. 有利于合理配置资源，切实提高企业采购资金的使用效益	预算工作量大，需要投入大量的人力资源	适用于各种采购预算
定期预算	预算期间与会计年度相配合，便于考核和评价预算的执行结果	1. 周期长 2. 具有一定的盲目性和滞后性	适用于服务性质的、经常性采购项目的预算

三、采购预算编制流程

预算过程应从采购目标的审查开始，接下来是预测满足这些目标所需的行动或资源，然后制订计划或预算。采购预算编制一般包括以下几个步骤：

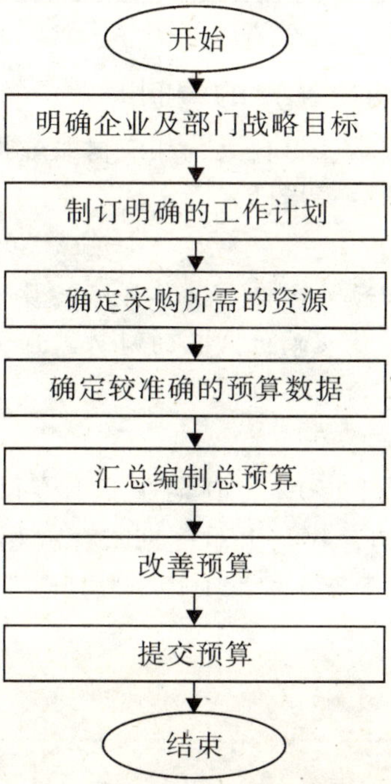

图 1－22 采购预算编制流程

任务实施

销售预算是整个预算编制的起点，其他预算的编制都是以销售预算作为基础的。

（一）生产预算的编制

生产预算的编制要以销售量和预计产成品存货为基础。一是要预计期初销售量；二是要预计期初产成品存货；三是要预计期末产成品存货。

预计生产量＝（预计销售量＋预计期末产成品存货）－预计期初产成品存货

YFU 公司 2012 年度一季度初存货数量为 100 件，四季度期末存货量为 110 件，各季期末存货量，按下季度销售量的 10% 计算。根据上述资料编制的 YFU 公司 2012 年度生产预算如表 1－22 所示。

表 1－22　YFU 公司 2012 年度生产预算表　（单位：件）

项目	一季度	二季度	三季度	四季度	全年
预计销售量	1 000	1 500	2 000	1 500	6 000
加：期末存货量	150	200	150	110	110
减：期初存货量	100	150	200	150	100
预计生产量	1 050	1 550	1 950	1 460	6 010

（二）直接材料预算（采购预算）的编制

直接材料预算包括直接材料成本、材料采购和应付账款预算。主要依据生产预算、材料单耗量定额、存货预算、采购成本预算等指标来确定。

直接材料预算：材料耗用量＝预计生产量×单件消耗量

预计材料采购数量＝预计生产量×单位产品的材料需用量＋预计期末存货－预计期初存货

预计材料采购额＝预计材料采购量×单价

YFU 公司季度的购料款当季支付 50%，其余在下季度付讫，各季度的期末存料按下季度生产需要量的 20% 计算，各季期初存料与上季度期末存料相同。YFU 公司预算期初存料量为 420 千克，预算期末存料量为 460 千克。根据上述资料所编制的直接材料预算和预计现金支出计算表如表 1－23 所示。

表 1-23　YFU 公司 2012 年度直接材料预算表

项目	一季度	二季度	三季度	四季度	合计
预计生产量（件）	1 050	1 550	1 950	1 460	6 010
单位耗用量（千克/件）	2	2	2	2	2
总耗用量（千克）	2 100	3 100	3 900	2 920	12 020
期初库存量（千克）	420	620	780	584	420
期末库存量（千克）	620	780	584	460	460
预计采购量（千克）	2 300	3 260	3 704	2 796	12 060
采购单价（元/千克）	5	5	5	5	5
预计现金支出					
期初应付账款（元）	6 000				6 000
一季度采购支出（元）	5 750	5 750			11 500
二季度采购支出（元）		8 150	8 150		16 300
三季度采购支出（元）			9 260	9 260	18 520
四季度采购支出（元）				6 990	6 990

实训项目

某企业编制第四季度的直接材料消耗与采购预算，预计季初，材料存量为 500 千克，季度生产需用量为 2 500 千克，预计期末存量为 300 千克，材料采购单价为 10 元，若材料采购货款有 40% 当期付清，另外 60% 在下季度付清，则该企业预计资产负债表末“应付账款”项目为：

A. 1 080 元　　B. 13 800 元　　C. 23 000 元　　D. 1 620 元

子学习情境 4　生产企业采购作业实施

当生产企业的采购规划工作完成后，就可以开始具体的采购实施工作，而企业的采购部门也正是通过这一阶段的努力得以实现其存在价值。无论是生产企业、商品流通企业还是服务企业，其实施采购的过程均可以包括明确采购需求、采购洽谈、签署采购合同及履行采购合同等内容，本单元将以一个原材料采购项目为例详细说明采购实施过程中的步骤。

任务一　制定采购文件

任务描述

作为实施采购的第一步，制定采购文件这一过程要解决的问题是确定生产企业采购标的物，对物料需求进行论证、审批，确定物资供应商的选择标准，撰写及发布有关采购文件。

子任务1　审批采购需求

任务描述

一、采购需求的概念

采购需求是指对采购标的的特征描述。要实施采购就一定要搞清楚采购需求，好的采购需求能够合理、客观反映采购标的的主要特征以及要求供应商响应的条件，符合适用原则、非歧视原则，并能够切合市场实际。

比较以下需求，哪些需求更合理?

（1）根据年度预算，在九月份前为公司安排一期兼职培训师培训；

（2）购买50台笔记本电脑；

（3）购买两台佳能L160传真机，每台预算2 500元。

二、采购需求的主要内容

采购需求的一项重要内容是技术规格，如质量、性能、功能、体积、符号、标志、工艺与方法等，技术规格一方面反映了采购的要求，对预算单位而言，这种要求往往是一种基本要求；另一方面技术规格也是对供应商响应情况的评审依据。技术规格的编制是一项技术性非常强而又费时的工作，编制的好坏直接影响整个项目的采购效果。

任务实施

一、采购项目需求审批流程

采购项目需求审批流程如图1－23所示。该图描述了一个标准的需求审批过程。采购项目的需求由相关预算单位提出，采购项目的技术规格、服务要求等应在采购前期进行论证，如对采购需求难以明确化的，可以请采购咨询专家或有关专家进行采购需求论证。

图1－23　采购项目需求审批流程

采购需求有多种表现形式，在生产制造企业常通过标准的采购订单来描述产品或零部件等实物需求，对于培训、咨询及劳务等服务类需求则多以报告形式加以说明，所有需求均应通过企业既定的管理流程来加以批准或否决，一般而言，我们把采购需求的提出直至审批完成的过程称作采购申请流程。

二、采购申请单

采购申请又称请购，主要是指企业各需求部门向负责采购的部门，提出在未来一段时间内所需要物品的种类以及数量等相关信息，并填制一定的表格交给采购部门。

采购申请单范例如表 1 – 24 所示。

表 1 – 24　采购申请单

物品名称	型号规格	单价	计划数量	交付方式	计划到货日期	供方名称	备注
采购原因：							
备注：							
申请人：		日期：		批准：		日期：	

实训项目

某公司是一家 PC 生产企业，公司销售部门承接了一家金融企业 1 000 台 PC 的订购单，要求该批 PC 于两个月后交货，公司生产部门报告目前库存短缺 500 片本项订单的 120G 硬盘，需要进行紧急采购，假如你是公司物料采购专员，公司现有 A，B，C，D 四家硬盘长期供应商，请你协助生产部门尽快制定采购申请单。

子任务 2　制定供应商选择标准

知识准备

一、供应商选择标准的概念

供应商选择标准通常是采购文件的一部分，制定这些标准是为了对卖方建议书进行评级或打分。标准可以是客观的，也可以是主观的。

如果很容易从许多合格卖方获得采购品，则选择标准可局限于购买价格。在这种情况下，购买价格既包括采购品的成本，也包括所有附加费用，如运输费用等。

二、供应商选择标准的主要内容

生产企业选择原材料供应商的主要考虑因素：

1. 产品质量

产品质量是最重要的因素，一般采用抽样检查的方法。质量好坏可以用质量合格率来描述。

2. 交货期

考察交货期主要是考察供应商的准时交货率。

3. 交货量

考察交货量主要是考核按时交货量，可以用按时交货量率来评价。

按时交货量率是指给定交货期内的实际交货量与期内应当完成交货量的比率。

4. 工作质量

可以用交货差错率和交货破损率来描述。

5. 价格

考核供应商的价格水平，可以和市场同档次产品的平均价和最低价进行比较，分别用市场平均价格比率和市场最低价格比率来表示。

6. 进货费用水平

考核供应商的进货费用水平，可以用进货费用节约率来考核。

7. 信用度

信用度 = 1 − （期内失信的次数/期内交往总次数）×100%

8. 信息体系能力

电子交流的能力：EDI、条码、ERP、CAD/CAM 等。

9. 地理位置

10. 更长期的潜在关系

（1）对发展长期合作关系表达出意愿和作出保证；

（2）保证一些资源将不用于其他客户；

（3）参加产品设计；

（4）给双方的合作关系带来益处；

（5）如果出现问题，愿意谈判解决；

（6）是否真正有兴趣共同解决问题；

（7）高级管理人员是否保证采购过程是战略关系的一部分；
（8）双方之间做到自由公开地交换信息；
（9）多大程度上愿意共享未来规划；
（10）是否有迫切的需求信息的机密条款；
（11）双方共同的相互水平如何；
（12）对买方的产业和业务了解程度；
（13）是否共享成本资料。

任务实施

当采购的来源并非单一来源，或供方选择的依据并非单一指标时，则需要运用多指标对所有参与采购的供应商进行评价的方法，称为综合评价法。

表 1－25　供应商评分表

编号：＿＿＿＿＿＿　　　　　　　　　　　　　　　　　　填写日期：＿＿＿＿＿＿

<table>
<tr><td rowspan="5">供应商
基本情况表</td><td>名称</td><td colspan="3"></td><td colspan="4">计划承接企业产品</td><td colspan="3"></td></tr>
<tr><td>厂址</td><td colspan="3"></td><td colspan="4">涉及加工工艺过程</td><td colspan="3"></td></tr>
<tr><td>联系人</td><td></td><td>职务</td><td></td><td>电话</td><td colspan="2"></td><td colspan="2">传真</td><td colspan="2"></td></tr>
<tr><td colspan="2">主要生产设备</td><td colspan="9"></td></tr>
<tr><td colspan="2">主要检测工具</td><td colspan="9"></td></tr>
<tr><td rowspan="2">评价项目数</td><td colspan="5" rowspan="2">评价内容</td><td>优</td><td colspan="2">良</td><td>中</td><td>差</td><td>劣</td></tr>
<tr><td>5</td><td colspan="2">4</td><td>3</td><td>1</td><td>0</td></tr>
<tr><td>1</td><td colspan="5">企业规模</td><td></td><td colspan="2"></td><td></td><td></td><td></td></tr>
<tr><td>2</td><td colspan="5">企业信誉</td><td></td><td colspan="2"></td><td></td><td></td><td></td></tr>
<tr><td>3</td><td colspan="5">产品质量</td><td></td><td colspan="2"></td><td></td><td></td><td></td></tr>
<tr><td>4</td><td colspan="5">产品价格</td><td></td><td colspan="2"></td><td></td><td></td><td></td></tr>
<tr><td>5</td><td colspan="5">产品认证水平</td><td></td><td colspan="2"></td><td></td><td></td><td></td></tr>
<tr><td>6</td><td colspan="5">生产技术</td><td></td><td colspan="2"></td><td></td><td></td><td></td></tr>
<tr><td>7</td><td colspan="5">加工工艺</td><td></td><td colspan="2"></td><td></td><td></td><td></td></tr>
<tr><td>8</td><td colspan="5">开发能力</td><td></td><td colspan="2"></td><td></td><td></td><td></td></tr>
<tr><td>9</td><td colspan="5">不合格品控制</td><td></td><td colspan="2"></td><td></td><td></td><td></td></tr>
<tr><td>10</td><td colspan="5">配合度</td><td></td><td colspan="2"></td><td></td><td></td><td></td></tr>
<tr><td>11</td><td colspan="5">准时交货</td><td></td><td colspan="2"></td><td></td><td></td><td></td></tr>
<tr><td>12</td><td colspan="5">历史合作情况</td><td></td><td colspan="2"></td><td></td><td></td><td></td></tr>
<tr><td>13</td><td colspan="5">服务范围</td><td></td><td colspan="2"></td><td></td><td></td><td></td></tr>
<tr><td>14</td><td colspan="5">售后服务</td><td></td><td colspan="2"></td><td></td><td></td><td></td></tr>
</table>

（续上表）

<table>
<tr><td rowspan="2">评价项目数</td><td rowspan="2" colspan="2">评价内容</td><td>优</td><td>良</td><td>中</td><td>差</td><td>劣</td></tr>
<tr><td>5</td><td>4</td><td>3</td><td>1</td><td>0</td></tr>
<tr><td>15</td><td colspan="2">质量保证体系</td><td></td><td></td><td></td><td></td><td></td></tr>
<tr><td>总得分</td><td colspan="7"></td></tr>
<tr><td>评价说明</td><td colspan="7"></td></tr>
<tr><td colspan="8">评价单位信息</td></tr>
<tr><td>评价部门/人员</td><td colspan="2">评价意见</td><td colspan="3">签字</td><td colspan="2">日期</td></tr>
<tr><td></td><td colspan="2"></td><td colspan="3"></td><td colspan="2"></td></tr>
<tr><td></td><td colspan="2"></td><td colspan="3"></td><td colspan="2"></td></tr>
<tr><td></td><td colspan="2"></td><td colspan="3"></td><td colspan="2"></td></tr>
<tr><td colspan="8">总经理审批意见：
日期：　　年　月　日</td></tr>
</table>

填写人：________

实训项目

根据 YFU 公司总经理室决定，采购管理部组建了包括财务管理部、质量管理部等在内的临时采购项目组，采购项目组负责人（由采购管理部指派采购专员担任）综合各方意见编制供应商考核表（如表 1－26 所示）。请应用此表对 YFU 公司的供应商进行考评。

表 1－26　供应商考核表

供应商编号：________　　　　　　　　　　　　考核周期：___天

<table>
<tr><td>供应商名称</td><td colspan="3"></td><td>联系人</td><td></td></tr>
<tr><td>地址及邮编</td><td colspan="3"></td><td>电话</td><td></td></tr>
<tr><td>考核项目</td><td>所占比例</td><td>考核指标</td><td colspan="2">指标计算方法</td><td>得分</td></tr>
<tr><td rowspan="2">价格</td><td rowspan="2">30</td><td>平均价格比率（15）</td><td colspan="2">（供应商的供货价格－市场平均价格）×100%</td><td></td></tr>
<tr><td>最低价格比率（15）</td><td colspan="2">（供应商的供货价格－市场最低价格）×100%</td><td></td></tr>
<tr><td rowspan="2">产品质量</td><td rowspan="2">30</td><td>质量合格率（15）</td><td colspan="2">合格件数/抽样件数×100%</td><td></td></tr>
<tr><td>退货率（15）</td><td colspan="2">退货/交货次数×100%</td><td></td></tr>
<tr><td rowspan="2">交货情况</td><td rowspan="2">20</td><td>交货准时率（10）</td><td colspan="2">准时次数/总交货次数×100%</td><td></td></tr>
<tr><td>按时交货量率（10）</td><td colspan="2">期内实际未交货量/期内应交货量×100%</td><td></td></tr>
<tr><td rowspan="2">服务情况</td><td rowspan="2">10</td><td>配合度（5）</td><td colspan="2">出现问题时配合解决的速度</td><td></td></tr>
<tr><td>信用度（5）</td><td colspan="2">期内失信次数/期内合作总次数×100%</td><td></td></tr>
</table>

（续上表）

<table>
<tr><td>考核项目</td><td>所占比例</td><td>考核指标</td><td>指标计算方法</td><td>得分</td></tr>
<tr><td>管理情况</td><td>10</td><td colspan="2">管理制度是否完善，质量手册是否完整、全面</td><td></td></tr>
<tr><td>总分</td><td>100</td><td colspan="2"></td><td></td></tr>
<tr><td>所属等级</td><td colspan="4"></td></tr>
<tr><td colspan="5">得分分级</td></tr>
<tr><td>等级</td><td>分数标准</td><td colspan="3">相应措施</td></tr>
<tr><td>A</td><td>85～100分</td><td colspan="3">可加大采购量或给予一定的奖励；质量、逾期率为满分，经管理小组进一步考察，认定为特别优秀的供应商的物料可享受免检待遇</td></tr>
<tr><td>B</td><td>70～84分</td><td colspan="3">合格供应商可正常采购</td></tr>
<tr><td>C</td><td>60～69分</td><td colspan="3">需对供应商进行辅导，同时应减量采购或暂停采购</td></tr>
<tr><td>D</td><td>59分以下</td><td colspan="3">不合格供应商，应予以淘汰</td></tr>
<tr><td colspan="5">考核人名单</td></tr>
<tr><td>考核人姓名</td><td>所属部门</td><td>考核项目</td><td>考核意见</td><td>签字确认</td></tr>
<tr><td></td><td></td><td></td><td></td><td></td></tr>
</table>

填表人：__________　　　　　　　　审核人：__________

子任务3　发布采购文件

知识准备

一、采购文件的概念

采购文件是在招投标活动中用于征求潜在卖方建议书的文件，如果主要依据价格来选择卖方（如购买商品或标准产品时），通常就使用标书、投标或报价等术语。如果主要依据其他考虑（如技术能力或技术方法）来选择卖方，通常就使用诸如建议书术语。不同类型的采购文件有不同的常用名称，如信息邀请书、投标邀标书、建议邀请书、报价邀请书、投标通知书、谈判邀请书以及卖方初始应答邀请书。具体的采购术语可能因行业或采购地点而异。

二、采购文件的内容

采购文件由买方或买方授权的采购代理机构编制，采购文件应便于潜在卖方做出准确、完整的应答，还要便于对卖方应答进行评价。采购文件中应包括应答格式要求、相关的采购工作说明书以及所需的合同条款。

三、采购文件基本结构

采用不同采购方式进行的采购项目，其采购文件存在差异，但其基本格式可以包含以下相同的内容：

（1）采购文件名称、编号、发布人及联系方式；

（2）投标人须知，包括适用范围、名称、定义等；

（3）应答书（建议书）编写格式，包括应答书的组成（基本资质、报价、货期、有效期等），对报价有效期、签署格式的规定等；

（4）应答书递交时的密封及标记等；

（5）应答书评议规则，招标采购要求公布供应商的选择标准；

（6）合同授予的相关规定及合同格式；

（7）采购内容或采购工作说明书；

（8）相关附件表格。

任务实施

发布采购文件流程如图1－24所示，具体说明如下：

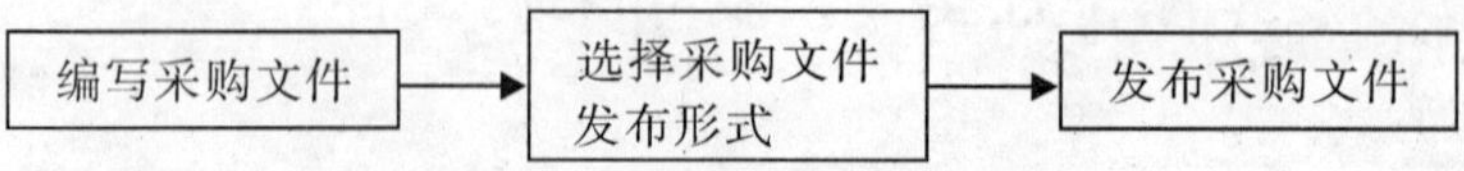

图1－24　发布采购文件的流程

采购文件一般是由买方或买方授权的采购代理机构编制，采购文件可以通过网络电子平台，通过公开公告或专业招标代理机构等多种形式发布给潜在的供应商，而选择何种发布形式取决于买方的采购方式。

实训项目

样例：

哈尔滨九洲电气股份有限公司生产用部分原材料采购招标公告

招标编号：JZE20110708

开标时间：（2011年7月18日下午14：00）

所属行业：机械电子电器

标讯类别：国内招标

资源来源：其他

所属地区：黑龙江

哈尔滨九洲电气股份有限公司将本公司生产使用的标准件的采购，进行竞价招标，现将有关事项公告，现邀请具有生产和供应能力的合格供应商参加投标。

1. 招标编号：JZE20110708

2. 项目名称：哈尔滨九洲电气股份有限公司生产用部分原材料采购。

3. 招标内容：生产用原材料标准件采购，详见招标货物清单。

4. 交货地点：黑龙江省哈尔滨市南岗区哈平路。

5. 投标人的资质要求

（1）投标人应为中华人民共和国合法登记注册的独立企业法人；

（2）投标人应为具备一般纳税人资格的企业，并具有良好的供货业绩、银行资信和商业信誉，没有处于被责令停业，财产被接管、冻结或破产状态；

（3）投标人须为具备相应设计、制造及供货能力的国内生产制造厂家或经销商；

（4）本次招标不接受联合体投标；

（5）具有相关供货范围型式试验报告等国家规定的认证机构颁发的认证证书。

6. 资金来源：企业自筹

7. 投标截止时间和开标时间：2011 年 7 月 8 日—2011 年 7 月 18 日下午 14：00 截止（北京时间），下午 14：00 开标。逾期递交的投标文件不予受理。

8. 投标文件的递交

（1）请于开标当日、截标时间前，将投标文件邮寄至开标地点；

（2）有效投标人不足 5 家时，招标人另行组织招标。

9. 招标货物清单（略）

招标代理联系方式：

联系人：方 信

手机：15201397099

电话：010 – 88621865

传真：010 – 88621652

地址：北京市海淀区永定路甲四号

邮箱：cxfc5188@163. com（资质、业绩请发到此邮箱）

技能训练：粤港集团总公司拟投资的××厂房建设项目已经由上级主管部门批准，批准文号是××发［2010］205 号。该公司经研究，决定通过招标选择施工企业。该公司向社会发出招标公告，并向一些有资质和实力的施工单位发出邀请通知，兴云建筑工程公司接到招标邀请通知书后，经认真研究，决定参与竞标。

讨论与思考：

（1）粤港公司的招标工作程序和兴云公司的投标工作程序是怎样的？

（2）招标投标工作中会有哪些主要的文书产生？

（3）请根据提供的写作材料拟写招标申请书、招标公告及邀请通知书、招标说明书、投标书。

基本写作材料：

粤港集团总公司××厂房拟建面积5 400平方米，楼高5层，建筑地点在广东省云浮市云城区育华路××号。报名日期：2011年3月8日。投标期限：2011年4月15日至2011年5月15日。联系人：粤港集团总公司办公室王明。其他材料自拟。

兴云建筑工程公司投标价：总造价100万元（直接费、间接费、材料差价）；每平方米造价为100元。其余材料自拟。

训练要求：

（1）结合案例进行项目情境模拟；

（2）组建模拟式秘书班子分工合作完成文本拟制任务；

（3）文本要求内容全面，结构完整，材料丰富，以叙述、说明为主要表达方式，语言平实。

任务二　进行采购谈判

任务描述

甲是A国电子公司的采购经理，他被派去B国参加一个采购合同的谈判，虽然甲没有到海外进行谈判的经历，但他对谈判的前景很看好。到了B国后，主人给予甲很高的待遇。当甲提出进行谈判时，主人礼貌地建议说还需要多花一些时间进行相互了解。到了第二天谈判开始，甲发现自己是和来自这个公司的一个小组进行谈判，并且对方还来了好几个公司高层。甲在谈判桌前感到了胁迫。当B国人用自己的语言相互交谈时，甲感到自己处于劣势，而且对方好像对自己的公司非常了解。同时在谈判过程中，主人一再坚持带他到文化景观进行欣赏，谈判被迫中断。甲很快意识到自己低估了这次谈判，而自己也快要回国了，谈判的进展却非常缓慢。由于重新安排行程非常困难，为了加快进程，他自己做了越来越多的让步，最后达成的价格比他的目标价格高了10%。

问题：结合以上材料，说明在谈判前应准备哪些工作。

知识准备

一、谈判流程

图1－25　谈判流程图

（一）询盘

询盘是指采购方为购买某项商品而向供应商询问该商品交易的各种条件。

采购方询盘的目的是寻找卖主（供应商），而不是同卖主正式洽谈交易条件；采购方询盘是对市场的初步试探，看看市场对自己的需求有何反应。

为了尽快地寻找卖主，询盘者（采购方）有时会将自己的交易条件稍加评述。

询盘是正式进入谈判过程的先导。询盘可以是口头表达也可以是书面表达，没有固定的格式。

（二）发盘

发盘是指供应商因想出售某项商品而向采购方提出买卖该商品交易的各种条件，并表示愿意按照这些交易条件订立合同。

发盘在大多数情况下由供应商（卖方）发出，表示愿意按一定的条件将商品卖给买方；也可由采购方（买方）发出，表示愿意按一定的条件购买供应商的商品。

（三）还盘

还盘指受盘人（采购方）在收到供应商发盘后，对发盘内容不同意，或不完全同意，反过来向发盘人提出需要变更内容或建议的表示。这时原发盘人就成了受盘人，同时原发盘也相应地随之失效。而原受盘人就成了新的发盘人。在原受盘人做出还盘时，实际上就是要求原发盘人答复是否同意买方提出的交易条件。

“再还盘”是指发盘人对受盘人发出的还盘提出新的意见，并再发给受盘人。

在国际贸易中，一笔交易的达成，往往要经过多次还盘和再还盘的过程（“拉锯”）。

（四）接受

接受是指交易的一方在接到另一方的发盘后，表示用意。一方的发盘或还盘一旦被对方接受，合同即告成立，交易双方随即履行合同。

在发盘的有效期内，由合法的受盘人以声明等形式表示，并发送给发盘人。

（五）签约

签约即签订合同。买卖双方通过交易谈判，一方的还盘被另一方有效地接受后，交易即可达成。但是，在商品交易中，一般都要通过签订书面合同来正式确认。

合同经双方签字后，就成为约束双方的法律性文件，双方都必须严格地遵守和执行合同规定的各项条款，任何一方未经对方同意，违背合同规定，都要承担法律责任。因此，合同的签订工作，是采购谈判非常重要的环节。

如果这一环节的工作发生失误或差错，就会给以后的合同履行留下引起各种纠纷的把柄，甚至给交易带来重大的损失。

只有对签约这一环节的工作采取认真、严肃的态度，才能使整个采购谈判达到预期的理想目的。

所以，合同的内容必须与双方谈妥的事项及其要求完全一致，特别是主要的交易条件都必须订得十分明确和肯定。合同所涉及的概念不应存有歧义，前后的叙述不能自相矛盾或出现任何差错。

二、交流技巧

交流技巧

- 倾听艺术　　- 察言观色
- 表演艺术　　- 入题技巧
- 阐述艺术　　- 提问技巧
- 答复技巧　　- 说服技巧

（一）倾听艺术

耐心地倾听不仅是尊重对方的具体表现，也是了解对方、获取信息、发现事实、探索动机的重要和必要的积极手段，是谈判中攻与守的重要基础和前提。

倾听是一种有益的谈判艺术，它带给你的一定比你付出的还要多。因为在谈判中采取多听少讲的策略，对于充分地洞察对方实力、扬长避短、有的放矢，都具有重大的现实指导意义。

善于倾听能完整、准确、及时地理解对方谈话的实质内容和含义。不可只注意与自己有关的内容或只考虑自己头脑中的问题，而无意听取对方发言的全部内容。

记笔记是集中精力倾听的有效手段。记笔记不仅能鼓励对方发言，而且能帮助自己记忆和回忆，更有利于在对方发言完毕后，就某些问题向对方提出询问，自己也有时间充分分析和理解对方的正确意思。

（二）察言观色

有经验的谈判人员，在谈判中能从对方的肢体语言中捕捉到许多他们所需要的信息。

例如：眼睛闪烁不定常被视为不诚实或想掩饰事实；皱眉表示困惑、不愉快、不赞成或表示关注、思索；抿嘴并避开对方的目光则表示心中有秘密不想透露；手臂交叉放在胸前表示不愿与你接触；用脚尖拍打地面表示焦虑不安、不耐烦或心情紧张；腰板挺直表示情绪高昂，充满自信；双手叉腰表示胸有成竹等。

当然，肢体语言还会随个人性格和文化背景的差异而不同。

有些老练的谈判人员还会利用肢体语言来故意迷惑你，要通过对方发言的内容、语音、语气、语调等综合因素进行分析和判断。

（三）表演艺术

为达到某一目的，谈判时还可利用各种道具进行表演，例如：相关的图片、价格表、合同书、传真件、公司文件、计算器、演算纸、笔记本、飞机票等。可以通过合起笔记本暗示对方暂停谈判；拿出合同书暗示对方赶快签约；拿出返程机票暗示对方时间有限；按几下计算器，婉转地表示拒绝对方的价格等。

谈判道具的灵活运用，能使谈判人员寓其意于不言中，避免了直接论战的锋芒，使谈判得以平衡，并在平衡中得以发展。

谈判道具并无严格的规定，任一物品都可以充当，关键在于谈判者的灵活运用，见机行事，将道具的运用与神态巧妙地有机结合起来。优秀的谈判者很善于运用这些表演道具，信手拈来，演技熟练。

（四）入题技巧

1. 迂回入题

为避免谈判过于直露，影响融洽的气氛，谈判可先简单介绍谈判人员或本企业的最新情况，然后自然地切入主题。

2. 先谈细节，后谈原则

围绕着谈判主题，先从洽谈的细节问题入手，待各项细节问题谈妥之后，便自然而然地达成了原则性的协议。

3. 先谈原则，后谈细节

大型的采购谈判中，高级谈判人员不可能介入全部谈判，往往要分成若干等级依次进行，这就需要采取先谈原则后谈细节的方法入题。一旦原则问题达成协议，细节也就有了谈判的依据。

4. 从具体议题入手

大型采购谈判总是由具体的谈判组成，在具体的每一次谈判中，双方可以首先确定本次谈判的议题，然后从这一具体议题入手来进行谈判。

（五）阐述艺术

1. 开场阐述

首先明确本次谈判的主题，统一认识。简要回顾双方以前合作的成果，展望今后进一步合作的机遇，再表明你的基本立场。

2. 让对方先谈

当你对产品的性能、价格、市场态势等信息没有十分把握时，不妨让对方先谈，然后根据对方所谈的各方面的现实情况进行综合分析，在判断出对方在原则问题上能否与自己达成协议及达成协议的程度后，你再慎重地表达意见。

3. 坦诚相见

不但对对方想要知道的情况坦诚相告，有时还可适当地透露你的某些动机和想法，以获得对方的信赖和好感。但要注意不能因此而处于被动，要采取有限度的坦诚。

4. 正确使用语言

谈判所使用的语言要简明扼要、有条理性、留有余地、富有弹性、措辞得体、紧扣主题，并注意语音、语调、停顿和重复。

（六）提问技巧

（1）封闭式提问。“您是否认为有必要改进你们的售后服务？”

（2）开放式提问。“请问您对我们的公司印象如何？”

（3）婉转式提问。“这种产品的功能还不错吧？您能评价一下吗？”

（4）澄清式提问。“按您刚才所说，您是拥有全权与我进行谈判的，是吗？”

（5）探索式提问。“我们想增加购买量，您能否在价格上更优惠些呢?”

（6）借助式提问。“我们比较了其他供货商的价格，对该产品有了更多的了解，请您考虑能否把价格再降低一点儿呢?”

（7）强迫选择式提问。“按照支付佣金的国贸惯例，我们从上海供应商那里一般可得到3%～5%的佣金，贵方是否同意呢?”

（8）引导式提问。“经销这种商品，我方利润很少，贵方可否考虑给予3%的折扣呢?”

（9）协商式提问。“您看给我方的折扣定为3%是否妥当?”

不论采用何种方式，都要注意提问的时机、所提问题的连续性和留出足够的答复时间。

（七）答复技巧

（1）不要彻底答复对方的提问。如对方问及产品质量，不必详细介绍所有指标，而只回答其中主要几个，造成质量好的印象即可。

（2）针对提问者的真实心理来答复。若对方问题模棱两可，含糊其辞，先要探明其真实心理，然后巧妙回答，以防其有机可乘。

（3）不要确切答复对方的提问。当对方压价时可以说：“价格的确是大家很关心的问题，不过我方产品的质量和售后服务是一流的。”

（4）降低提问者追问的兴致。“这个问题容易解决，不过现在还不是时候。”“现在讨论这个问题还为时过早，是不会有什么结果的。”

（5）让自已获得充分的思考时间。不必顾忌对方的催问，而应转告对方你必须进行认真的计算或思考，你需要充分的时间进行周密的考虑。

（6）礼貌地拒绝不值得答复的问题。有些与谈判主题无关或关系不大的问题容易扰乱你的思路，不妨一笑了之。

（7）找借口拖延答复。“对您所提的问题，我没有第一手资料予以回答，我想您是希望我为您作详尽且满意的答复的，但这需要时间，您说对吗?”

（八）说服技巧

（1）先谈容易解决的问题，后谈容易引起争议的问题。

（2）用大量的事实影响对方的意见，在不知不觉中说服对方。

（3）强调与对方立场、观点、期望的一致，淡化差异，提高接纳程度。

（4）先谈好的消息，然后再谈坏的消息。

（5）不断地强调合同中有利于对方的条款。

（6）先听听对方的意见，再寻找恰当的时机，适时提出你的意见。

（7）精心设计开头和结尾，以便给对方留下深刻的印象。

（8）结论应由你明确地提出而不是由对方进行猜测。

（9）多次重复你的观点，增进对方对这些意见的了解。

（10）以对方习惯的能接受或易于接受的方式和逻辑说服对方。

（11）不要奢望对方立即接受你的意见和建议，要事先进行巧妙的铺垫。

（12）强调合作及互惠互利的可能性和现实性，促使对方在自身利益认同的基础上接纳你的意见和建议。

三、外商的复杂心理及其应对技巧

（一）进取型外商的心理分析及应对技巧

1. 心理分析

无所顾忌地争取其个人认为重要的东西，而不太在意老板和同事的愿望。

2. 应对技巧

对进取型外商要做的是让他得到获胜心理上的满足。

（二）关系型外商的心理分析及应对技巧

1. 心理分析

关系型外商希望其带回的谈判成果不但自己而且老板和同事也认为是有价值的。

2. 应对技巧

对关系型外商要始终保持热情友好的谈判态度，不宜过于苛刻地要求他，不要使他很难向老板交代或在同事面前没面子。

（三）权力型外商的心理分析及应对技巧

1. 心理分析

很想控制谈判的整个流程和内容，并把自己的意志体现其中。带回的谈判成果只要老板和同事满意就行了，没有太高的要求。

2. 应对技巧

让权力型外商负责谈判的程序准备，以满足他对权力的需求；让他第一个发言，使他觉得自己获得了一种特权；你方可伺机提出更多的合理要求。

四、国际采购谈判策略

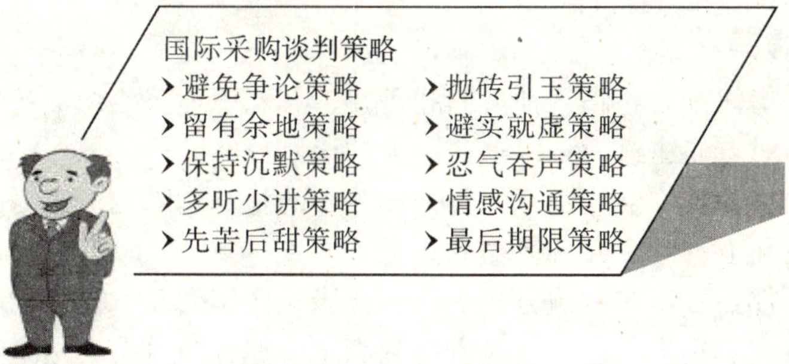

（一）避免争论策略

谈判中出现分歧是很正常的事。出现分歧时应始终保持冷静，防止感情冲动，尽可能地避免争论。

1. 冷静倾听对方的意见

当对方说出你不愿意听或对你很不利的话时，不要感情冲动或生气地立即打断以及反驳对方，应耐心地听完对方的发言，必要时还可承认自己某方面的疏忽。

2. 婉转地提出不同意见

不应直截了当地提出自己的否定意见，这样会使对方在心理上产生抵触情绪，迫使对方千方百计地维护自己的意见；而应先同意对方的意见，然后再提出探索性的意见。

3. 谈判无法继续时应马上休会

如果某个问题成了彼此继续谈判的绊脚石，使谈判无法顺利进行，应在双方对立起来之前及时地休会，从而避免引起更进一步的僵持和争论。

休会的策略为固执型的谈判人员提供了请示上级的机会，也可借机调整双方思绪，以利于问题在心平气和的友好氛围中最终得以圆满解决。

（二）抛砖引玉策略

抛砖引玉策略是指在谈判中，一方主动提出各种问题，但不提供解决的办法，让对方来解决。这一策略不仅能尊重对方，而且又可摸清对方的底细，争取主动。但这种策略在以下两种情况下不适用：

（1）谈判出现分歧时，对方会误认为你是故意在给他出难题；

（2）若对方是一个自私自利、寸利必争的人，就会乘机抓住对他有利的因素，使你方处于被动地位。

（三）留有余地策略

在实际谈判中，不管你是真的留有余地或真的没留什么余地，对方总认为你是留有余地的，所以可在外商最看重的方面作些让步，在其他条款上争取最大利益。

例如，你的报价即使分文不赚，对方却还总是觉得你利润不薄，你不让步，他便不会签约。因此在价格上适当地作些让步，你就有可能为自己争取到最好的付款条件。在以下两种情况下尤其需要这种策略：

（1）对付寸利必争的谈判方；

（2）在不了解对方的情况下。

（四）避实就虚策略

避实就虚策略是指你方为达到某种目的和需要，有意识地将洽谈的议题引导到相对次要的问题上，借此来转移对方的注意力，以求实现你的谈判目标。

例如，对方最关心的是价格问题，而你方最关心的是交货问题。这时，谈判的焦点不宜直接放到价格和交货时间上，而应放到运输方式上。

在讨价还价时，你方可以在运输方式上作出让步，而作为双方让步的交换条件，要求对方在交货时间上作出较大的让步。这样，对方感到满意，你方的目的也达到了。

（五）保持沉默策略

保持沉默，是处于被动地位的谈判人员常用的一种策略，是为了给对方造成心理压力，同时也起缓冲作用。

在对方咄咄逼人时，你方适当地运用沉默可缩小双方的差距。

在沉默中，行为语言是唯一的反应信号，是对方十分关注的内容，所以应特别加以运用（倒茶等），以达到保持沉默的真正目的。

但是如果策略运用不当，就会适得其反。例如，在还价中沉默常被认为是默认；沉默时间太短常意味着你被慑服。

（六）忍气吞声策略

谈判中占主动地位的一方有时会以一种咄咄逼人的姿态表现自己。这时如果表示坚决反对或不满，对方会更加骄横甚至退出谈判。

这时你方可对对方的态度不作任何反应，采取忍耐的策略，则可慢慢消磨对方的棱角，挫其锐气，以柔克刚，反而能变弱为强。

因为被动方忍耐下来，对方则得到默认的满足之后，反而可能会因此而变得通情达理，公平合理地与你谈判。

（七）多听少讲策略

多听少讲是忍耐的一种具体表现方式，也就是让对方尽可能多地发言，充分表明他的观点，这样做既能表示尊重对方，也可使你根据对方的要求，确定你对付对方的具体策略。

例如，卖方为了说明自己产品的优越性而滔滔不绝地夸夸其谈，结果让买方觉得是自卖自夸，产生逆反心理。

如果让买方先讲，以满足对方需求为前提，再进行恰当的介绍，重在说明该产品能给买方带来哪些好处和方便，这样就可大大减少买方的逆反和戒备心理，有助于促成交易。

（八）情感沟通策略

人有七情六欲，满足人的感情和欲望是人的一种基本需求。在谈判中充分利用感情因素以影响对方，则不失为一种可取的策略。

例如，可利用空闲时间，主动与谈判对方一起聊天、娱乐，讨论对方感兴趣的话题，也可馈赠小礼品，请客吃饭，提供食宿上的方便。

还可通过帮助对方解决一些私人问题，从而增进了解、联系感情、建立友谊，从侧面促进谈判的顺利进行。

（九）先苦后甜策略

例如，供应商想要在价格上有多些余地，你方可先在包装、运输、交货、付款方式等多方面提出较为苛刻的方案来作为交换条件。

在讨价还价过程中，再逐步地作出让步。供应商鉴于你方的慷慨表现，往往会同意适当地提价。而事实上这些“让步”是你方本来就打算给供应商的。

但要注意的是这一策略只有在谈判中处于主动地位的一方才有资格使用。

（十）最后期限策略

处于被动地位的谈判者，总有希望谈判成功的心理。当谈判双方各持己见、争执不下时，处于主动地位的谈判者就可利用这一心理，提出解决问题的最后期限和解决条件。

期限是一种时间通牒，可使对方感到如不迅速作出决定，他会失去机会，从而给对方造成一种心理压力——谈判不成损失最大的还是他自己。

只要你处于谈判的主动地位，就不要忘记抓住恰当的时机来适时使用该策略。使用该策略时还应注意：

（1）切记不可激怒对方而要语气委婉、措辞恰当、事出有因；

（2）要给对方一定的时间进行考虑，让对方感到你不是在强迫他，而是向他提供了一个解决问题的方案，并由他自己决定具体时间；

（3）提出最后期限时最好还能对原有条件也有所让步，给人以安慰。

任务实施

一、谈判准备

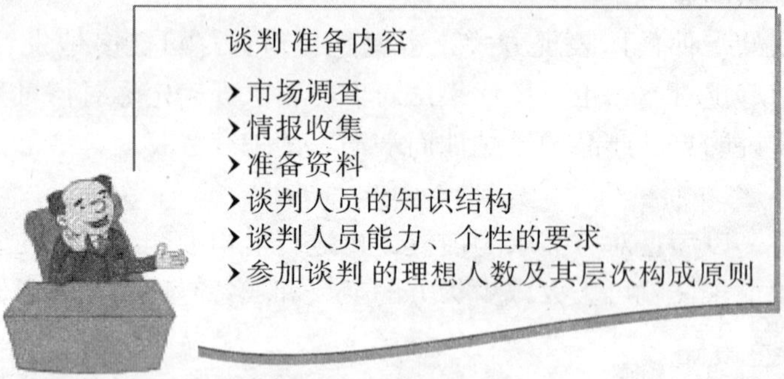

（一）市场调查

市场调查包括：市场总体、产品销售、产品竞争、产品分销、消费需求等各种情况，SWOT 分析。

（二）情报收集

情报收集主要有：

（1）了解卖方经营财务的状况，判断其生产能力、技术水平、交货历史记录等各方面的状况；

（2）全面了解商品价格、付款、运输方式、合同执行、技术、相关的法律法规等。

（三）准备资料

需要准备的资料有：公司简介、封样样品、价格手册、产品目录、技术图纸、使用说明等。

（四）谈判人员的知识结构

要求谈判人员具有以下能力：

（1）熟悉进口商品在国际、国内的生产现状及发展前景；

（2）熟悉进口商品的市场供求关系、价格水平及变化趋势；

（3）熟悉进口商品的性能、特点、用途、技术要求和质量标准；

（4）熟悉不同国家谈判的风格和特点；

（5）具备一定的外语水平，能流利地与对方沟通；

（6）熟悉国际贸易惯例及相关的法律；

（7）熟悉其他相关的业务知识；

（8）有丰富的谈判经验和应对谈判过程中复杂情况的能力。

（五）谈判人员能力、个性的要求

（1）能力。观察判断、灵活应变、心理承受、能言善辩等各方面的实践能力；

（2）个性。坚定不移的毅力、百折不挠的精神、不达目的决不罢休的自信。

（六）参加谈判的理想人数及其层次构成原则

（1）理想人数。人数太多，不但开支大，还不利于谈判的进行；人数太少则又难以应付需及时处理的问题，会拖长谈判时间，易错失良机。所以人数应由谈判的性质、对象、内容和目标等综合因素来决定，而非人为规定。

（2）主谈人。主谈人具备领导能力和专业知识，对谈判中出现的利害得失有很强的责任心，能掌握谈判进程，协调班子意见，代表单位成功签约。

（3）专业人员。与外商进行专业细节方面的磋商，提供对专业问题的建议和论证，修改有关条款。

（4）工作人员。翻译、律师、会计师、记录员等与该次谈判紧密相关、必不可少的工作人员。

二、案例分析

专家认为计划也许是谈判过程中最重要的一部分。计划是为了获得合意的结果而制订的做某些事情的方法或方案。制订计划就是为了得到合意的结果而进行计划或设计方法的过程。采购人员一旦建立了一个计划，他们就能开始执行计划策略了。没有制订计划，谈判者就不可能得到充足的信息，令人信服地主持一个复杂的谈判或论点。谈判计划包括明确谁将参加谈判，谈判中的主要问题是什么，将在何时何地进行谈判，怎样进行谈判等。成功的谈判计划步骤包括：

（1）确立谈判的具体目标；

（2）分析各方的优势和劣势；

（3）收集相关信息；

（4）认识对方的需要；

（5）识别实际问题和情况；

（6）为每一个问题设定一个成交位置；

（7）开发谈判战略与策略；

（8）向其他人员简要介绍谈判内容；

（9）谈判预演。

实训项目

美的空调公司拟进入国美电器中山分公司，即将开展商务谈判，作为美的公司的销售经理，请你就该谈判做好谈判背景分析、谈判地点选择及谈判方案制订工作。

谈判内容应包括：进场时间，进场位置，面积，包括所有产品的进场费，场地租金，条码费，赞助费（月、随时、年赞助），仓储运输，人员管理，美的促销如何安排？销售提成或返点如何进行？装修费用如何分摊？出现纠纷如何解决？

任务三　签订采购合同

任务描述

王红根据材料卡片找出低于最低存货储量的材料，确定申购材料的种类和数量，在仓库完成了请购单的编制后，周总让他继续跟踪这批采购业务，于是王红又来到供应部门跟孙师傅学习采购材料。到了供应部门后，孙师傅让他做如下工作：

（1）根据表 1－27，1－28 的请购单填制“订购单”。

（2）根据“订购单”确定合适的供应商洽谈内容，并签订购货合同。

表 1－27　请购单

日期：2008－01－01　　　　NO：01

制单编号	物料代号	需求数量	库存数量	请购数量	预定购进时间	备注
113#	002	3 000	500	2 500	3 天	

经理：王红　　　　主管：李欣　　　　物控：张明

表 1－28　请购单

日期：2008－01－01　　　　NO：02

制单编号	物料代号	需求数量	库存数量	请购数量	预定购进时间	备注
113#	003	800	200	600	3 天	

经理：王红　　　　主管：李欣　　　　物控：张明

知识准备

买卖双方经过询价、报价、议价、比价及其他过程，最后双方签订有关协议，合约即告成立。

采购合同的签订根据采购商品的要求、供应商的情况、企业本身的管理要求、采购方针等要求的不同而各不相同。在复杂的采购情况下，企业的任何采购合同都是由具有法人资格的双方当事人共同商定的，其中的有关条款必须符合相应的国家性、地方性法律法规。

采购合同的基本要求有以下四个方面：

一、合同的组成

合同、合约、协议等作为正式契约，应做到条款具体、内容详细完整。一份采购合同主要由首部、正文、尾部三部分组成。

（一）首部

合同的首部主要包括以下内容：

1. 名称

如生产用原材料采购合同、品质协议书、设备采购合同、加工合同等。

2. 编号

如××××：C－2003－01。

3. 当事人的名称或者姓名和地点

买方和卖方。

（二）正文

合同的正文主要包括以下内容：

（1）物品的名称、规格、型号、等级、单位、数量、单价、总价、备注。

（2）货物质量要求及技术标准。

（3）包装、运输要求。

（4）交货时间、地点、方式。

（5）验收标准及验收方法。

（6）付款的方式及期限。

（7）产品的售后服务。

（8）违约责任及赔偿。

（9）解决争议的方法。

（三）尾部

合同的尾部主要包括以下内容：

（1）合同的份数。

（2）附件与合同的关系。

(3) 合同的生效日期和终止日期。

(4) 双方的签字盖章。

(5) 合同的签订时间。

二、签订合同应注意的问题

(一) 合同起草

在合同起草讨论过程中应有采购、品管、财务、法律等相关人员共同参与，由具有法定资格的代表签署。

(二) 格式统一

对于生产使用的原材料与零部件应尽可能采用统一的合同格式和条款，以便于对供应商统一管理。

(三) 单价及交货数量

对于生产使用的原材料与零部件的采购合同，单价及交货数量尽可能采用“开口”方式。即只确定定价的原则与方法、交货数量的计算原则与方法，具体的价格用采购订单等合同附件进行约束，为定期评审价格与日常交货付款提供方便。

(四) 签约对象的主体资格

目前，经营单位的性质、种类较为复杂，为防范欺诈行为，降低交易风险，签订合同前必须要对交易对方的法人资格、经营范围、履行合同的能力、信用等级进行严格审查。

(五) 合同条款的对等

合同条款的对等是公平原则的体现，其中包括义务、责任、权利等内容。

(六) 合同条款的明确

合同是双方交易的准则，根本要求是实用。合同条款用词要简洁、明了，不能含糊其词。同时条款之间不能存在有相互矛盾的地方。

(七) 仲裁机构名称要具体

明确仲裁机构，要求在我方所辖范围内进行裁决。

(八) 签字盖章同时操作

合同签订时，签字、盖章应同时进行，避免其他问题发生。传真签订的合同必须注明有传真件有效的字样。只签字或只盖章的合同在法律上属无效合同。

(九) 定金与订金的区别

定金在法律上是债务的一种担保方式，若给付定金的一方不能履行约定的债务，则无权要求返还定金。而收受定金的一方若不能履行约定的债务，则应当双倍返还定金。在实际操作过程中常有人将定金写成订金，而订金在法律上被认定为预付款。

三、合同管理

合同的管理由专职人员操作，主要包括以下内容：

（一）计划审查

审查采购合同是否在规定的时间内转化为订单。

（二）合同审查

审查合同编号、供应商、数量、单位、单价、总价、交货地点、交货时间等。

（三）合同跟踪

检查合同的执行情况，对未按期交货的合同研究对策，加强监督。

（四）缺料预测

（1）与合同主办人员一起操作，根据生产需求情况，推测可能会产生缺料的供应合同，研究对策并实施。

（2）根据实际采购情况，妥善处理合同的变更、合同的提前终止、合同的纠纷等。合同纠纷的解决办法有：①双方协商解决；②第三方调解解决；③仲裁机构仲裁解决；④司法机关组织的诉讼解决。

四、合同正常执行的条件

合同正常执行的条件主要包括以下内容：

（一）按照合同规定的条款执行

加强与供应商的沟通，合同提前或延缓要征得供应商的同意。

（二）满足企业物料需求

正常的交货时间要严格执行，而且要有一定的弹性，对要求紧急交货的货物要能按时完成，对于需要延迟交货的物料要妥善处理。

（三）控制库存水平

将库存水平控制在合理的范围内，在缺料与库存之间找到平衡点。

任务实施

业务处理过程 1：

（1）确定供应商，确定供货价格。

从三个供应商档案中，我们可以看到其大部分信息都差不多，只有北京和平实业公司的价格比其他两个供应商要低，因此应选择北京和平实业公司。

（2）编制“订购单”如表 1－29 所示。

表1－29　订购单

订货日期：2008－01－01

订货公司：北京和平实业公司

存货代码	存货名称	规格	计量单位	订购数量	订购单价	订购金额	备注
002	B材料	ARJ－1	千克	2 500	60	150 000.00	
003	C材料	ARJ－2	千克	600	60	36 000.00	

业务处理过程2：

签订购货合同

合　同

买方：北京鸿泰有限责任公司（下称甲方）

卖方：北京和平实业公司（下称乙方）

甲乙双方经充分协商，本着自愿平等互利的原则，订立本合同。

第一条　名称、品种、规格和质量

1. 名称、品种、规格

甲方向乙方购入ARJ－1B、ARJ－2C两种材料。

2. 质量按下列第（2）项执行

（1）按照________标准执行（须注明按国家标准或部颁或企业具体标准，如标准代号、编号和标准名称等）。

（2）按样本，样本作为合同的附件（应注明样本封存及保管方式）。

（3）按双方商定要求执行，具体为：________________（应具体约定产品的质量要求）。

第二条　数量和计量单位、计量方法

1. 数量：购入ARJ－1B材料2 500千克，购入ARJ－2C材料600千克。

2. 计量单位和方法：过磅。

3. 交货数量的正负尾差、合理磅差和在途自然增（减）量规定及计算方法：略。

第三条　包装方式和包装品的处理

包装按照国家标准进行，包装费用由卖方负责。

第四条　交货方式

1. 交货时间：2008年1月3日。

2. 交货地点：卖方仓库所在地。

3. 运输方式：由卖方代办运输及代垫运杂费。

4. 保险：略。

5. 与买卖相关的单证的转移：略。

第五条　验收

1. 验收时间：2008年1月3日。

2. 验收方式：抽样检验。

3. 验收如发生争议，由买方所在检验机构按国家检验标准和方法对产品进行检验。

第六条　价格与货款支付

1. 单价：两种材料单价均为60元/千克；总价计为人民币壹拾捌万陆仟元整。

2. 货款支付：

货款的支付时间：2008年1月3日。

货款的支付方式：支票。

运杂费和其他费用的支付时间及方式：同货款。

3. 预付货款：不需要预付。

第七条　提出异议的时间和方法

1. 甲方在验收中如发现货物的品种、型号、规格、花色和质量不合规定或不合约定，应在妥善保管货物的同时，自收到货物后10日内向乙方提出书面异议；在托收承付期间，甲方有权拒付不符合合同规定部分的货款。甲方未及时提出异议或者自收到货物之日起____日内未通知乙方的，视为货物合乎规定。

2. 甲方因使用、保管、保养不善等造成产品质量下降的，不得提出异议。

3. 乙方在接到甲方书面异议后，应在3日内负责处理并通知甲方处理情况，否则，即视为默认甲方提出的异议和处理意见。

第八条　甲方违约责任

1. 甲方中途退货的，应向乙方赔偿退货部分货款50%的违约金。

2. 甲方未按合同约定的时间和要求提供有关技术资料、包装物的，除交货日期得以顺延外，应按顺延交货部分货款金额每日万分之一计算，向乙方支付违约金；如10日内仍不能提供的，按中途退货处理。

3. 甲方未按乙方通知的日期或合同约定日期提货的，应按逾期提货部分货款金额每日万分之________计算，向乙方支付逾期提货的违约金，并承担乙方实际支付的代为保管、保养的费用。

4. 甲方逾期付款的，应按逾期货款金额每日万分之二计算，向乙方支付逾期付款的违约金。

5. 甲方违反合同规定拒绝接受货物的，应承担因此给乙方造成的损失。

6. 甲方如错填到货地点、接货人，或对乙方提出错误异议，应承担乙方因此所受到的实际损失。

7. 其他约定：无。

第九条　乙方违约责任

1. 乙方不能交货的，向甲方偿付不能交货部分货款50%的违约金。

2. 乙方所交货物品种、型号、规格、花色、质量不符合同规定的，如甲方同意利用，应按质论价；甲方不能利用的，应根据具体情况，由乙方负责包换或包修，并承担修理、调换或退货而支付的实际费用。

3. 乙方因货物包装不符合合同规定，须返修或重新包装的，乙方负责返修或重新包装，并承担因此支出的费用。甲方不要求返修或重新包装而要求赔偿损失的，乙方应赔偿甲方该不合格包装物低于合格物的差价部分。因包装不当造成货物损坏或灭失的，由乙方负责赔偿。

4. 乙方逾期交货的，应按照逾期交货金额每日万分之一计算，向甲方支付逾期交货的违约金，并赔偿甲方因此所遭受的损失。如逾期超过3日，甲方有权终止合同并可就遭受的损失向乙方索赔。

5. 乙方提前交的货物、多交的货物，如其品种、型号、规格、花色、质量不符合约定，甲方在代保管期间实际支付的保管、保养等费用以及非因甲方保管不善而发生的损失，均应由乙方承担。

6. 货物错发到货地点或接货人的，乙方除应负责运到合同规定的到货地点或接货人外，还应承担甲方因此多支付的实际合理费用和逾期交货的违约金。

7. 乙方提前交货的，甲方接到货物后，仍可按合同约定的付款时间付款；合同约定自提的，甲方可拒绝提货。乙方逾期交货的，乙方应在发货前与甲方协商，甲方仍需要货物的，乙方应按数补交，并承担逾期交货责任；甲方不再需要货物的，应在接到乙方通知后3日内通知乙方，办理解除合同手续，逾期不答复的，视为同意乙方发货。

8. 其他：无。

第十条　不可抗力

任何一方由于不可抗力原因不能履行合同时，应在不可抗力事件结束后3日内向对方通报，以减轻可能给对方造成的损失，在取得有关机构的不可抗力证明后，允许延期履行、部分履行或者不履行。

第十一条　本合同一式二份，双方各执一份，经双方签字或盖章后生效

供方：北京和平实业公司（章）	需方：北京鸿泰有限责任公司（章）
法人代表：白胜	法人代表：周翔
住址：北京市东城长兴路119号	住址：北京南五环178号
电话：010－82673991	电话：010－82874119
传真：010－82673991	传真　010－82874119
开户银行：工行北京分行	开户银行：工行北京分行
账号：10025436753	账号：01068137718
2008年1月1日	2008年1月1日

实训项目

资料：2008年1月10日，长江公司仓库的甲材料（物料代号为CJ－1）低于库存最低储量50千克，要求申购300千克（最高储存量为350千克），预计时间为3天。查到供应商大地公司为合适供应商，其单价为50元/千克。

要求：（1）编制“请购单”（表1－30）。

表 1－30　请购单

日期：　　　　　　　　　　　　　　　　　　　　　　　　　　NO：

制单编号	物料代号	需求数量	库存数量	请购数量	预定购进时间	备注

经理：　　　　　　　　　主管：李欣　　　　　　　　　物控：张明

（2）根据“请购单”编制“订购单”（表 1－31）。

表 1－31　订购单

订货日期：

订货公司：

存货代码	存货名称	规格	计量单位	订购数量	订购单价	订购金额	备注

任务四　履行采购合同

任务描述

任务：国际货物买卖合同的履行

美国哈迪公司以“FOB 里斯本”条件向英国庞德公司购买 300 吨葡萄牙松节油，而实际上该批货物由葡萄牙供货人供货，并规定由该供货人取得出口许可证。但当作为买方的美国船只到达里斯本港口时，葡萄牙政府拒绝签发货物发往东德的出口许可证，卖方船只因此未能装船。美方向英国上议院提起上诉。

请问：法院将如何判决？理由何在？

知识准备

一、采购合同履行的一般规则

采购合同生效后，当事人就质量、价款、履行期限和地点等内容没有约定或约定不明确的，可以补充协议；不能达成补充协议的，按照合同有关条款或交易习惯确定；如果按照合同有关条款或交易习惯仍不能确定的，适用下列规定：

（1）质量要求不明确的，按照国家标准、行业标准履行；

（2）价款或报酬不明确的，按照订立合同时履行的市场价格履行；

（3）履行地点不明确的，在履行义务的一方所在地履行；

（4）履行期限不明确的，债务人可以随时履行，债权人也可以随时要求履行；

（5）履行方式不明确的，按照有利于实现合同目的的方式履行；

（6）履行费用的负担不明确的，由履行义务的一方负担。

二、进货验收

（一）进货验收的概念

进货验收是从货运设备上把商品卸下、开箱，检查其数量、质量，之后将有关信息书面化等一系列工作。

（二）进货验收的必要性

由于入库物资来源复杂、运输条件存在差异、包装质量不等，致使物资在供货时及供货途中会产生种种复杂变化并对其数量和质量产生一定影响。

为确保入库物资在数量上的准确与质量上的完好，必须对入库物资进行认真、细致的验收工作。

（三）进货验收的基本要求

责任：验收人员必须具有高度的责任心，严格按照制度、规定、标准和手续认真进行检验，并对所验物资负全部责任。

准确：对入库物资的品种、规格、数量、质量的验收，必须做到准确无误，要如实反映物资当时的实际情况并真实、准确地加以记录。

及时：要按照有关规定及时完成验收工作，提出验收结果，以保证物资尽快入库、及时供应，并在规定期限内处理有关纠纷。

三、支付货款

支付货款方式分为直接付款方式、信用证付款方式和 TT 付款方式。

（1）直接付款：指合同采购方根据合同支付条款向卖方提供合同款项。

（2）信用证付款方式：信用证是保证出口商收回货款的保证文件，分为光票信用证和跟单信用证两类。

（3）TT 付款方式：是以外汇现金方式结算，将款项汇至供方指定的外汇银行账号内，可以要求货到后一定期限内汇款。

四、违约责任

签约一方不履行合同，必将影响另一方经济活动的进行，因此违约方应负物质责任，赔偿对方遭受的损失。在签订合同时，应明确规定，供应者有以下三种情况时应付违约金或赔偿金：

（1）不按合同规定的商品数量、品种、规格供应商品；

（2）不按合同中所规定商品质量标准交货；

（3）逾期付款。购买者逾期结算货款或提货，临时更改到货地点等，应付违约金或赔偿金。

任务实施

一、基本理论

国际货物买卖合同的履行应遵循全面履行原则，即合同当事人须按照合同约定的标的、质量、数量、价款、期限、地点、方式履行合同项中之义务。不履行或不完全履行合同义务则构成违约。

价格术语是确定买卖双方风险、责任和费用划分的国际惯例，是在国际贸易实践中逐步形成和发展的。常见的 FOB、CFR、CIF 三种价格术语都属于象征性交货方式。其中，FOB 价格术语是重要的国际贸易价格术语之一。按照 FOB 价格术语的一般解释及《1990 年国际贸易术语解释通则》的有关规定，FOB 价格条件下卖方承担的主要义务包括但不限于：办理报关、商检等出口手续；及时向买方发出装船完毕通知，并提交单据等。

二、案情分析

英国上议院判决，根据 FOB 合同规则，英国公司须承担未能装船的全部责任。英国庞德公司败诉。

卖方与供货方之间的约定不影响他在 FOB 价格条件下对买方应承担的义务。本案中，卖方英国公司与供货方葡萄牙商虽不在同一国家，但并不影响其承担在葡萄牙取得出口许可证的义务。卖方因未申请到出口许可证致使货物无法装船，已构成违约，应承担违约责任。英国上议院的判决有法有据。

实训项目

实训案例：买卖合同的风险承担

甲商场与乙家电厂签订了一份买卖彩电的合同，合同约定，甲商场向乙家电厂购买2 000台彩电，每台价格2 000元，共计400万元，合同生效后一个月内交付，交付地点为甲商场所在地。不料，在运输过程中遇山洪暴发，彩电进水大部分被损坏，损失达300万元。

问题：

（1）彩电受损造成的损失应由哪方承担？

（2）若遭遇山洪是由甲商场延迟交货的原因而导致的，此损失应由谁承担？

子学习情境5　生产企业采购绩效管理

任务一　采购绩效管理认知

任务描述

任务要求：某汽车制造公司采购绩效考核

某汽车股份有限公司成立于1990年，公司是安徽省高新技术企业、国家火炬计划重点高新技术企业。公司主营业务：汽车底盘、齿轮箱、汽车零部件开发、制造、销售；汽车（包含小轿车）开发、制造、销售；汽车修理；新技术开发、新产品研制；本企业自产产品和技术进出口及生产所需的原辅材料、仪器仪表、机械设备、零配件及技术的进出口业务等。

近几年来，该企业在立足本土市场高速发展的情况下，在海外市场的发展空间也愈加广阔，一方面延续了“全向”的市场战略，积极参与并融入到国内国际经济、技术的交流合作中。另一方面在公司董事长的带领下，通过多方合作，实现了“区域突破，全面开花”的海外战略构想，标志着该企业汽车国际化战略的进一步成熟。为了更好地实现公司的战略发展目标，提升公司内部的人力资源管理水平，公司特聘请柏明顿管理咨询公司为其进行人力资源管理改革。

假设你是柏明顿管理咨询公司的管理咨询师，你将为该汽车制造公司采购绩效考核提供怎样的改进意见？

知识准备

一、采购绩效管理岗位职责

（一）采购绩效主管的岗位职责

绩效管理是企业人力资源管理必不可少的一个重要组成部分。在组织中，绩效主管的主要工作职责是根据企业经营规划和人力资源规划的总体要求，编制并组织实施绩效考核方案，同时将考核结果应用到员工的日常工作中，作为人员晋升、调薪、奖惩等人事决策的依据，以更好地调动员工工作的积极性。

职责1	协助人力资源部经理制定绩效考核管理制度，经批准后组织实施
职责2	组织、指导各部门建立或调整目标考核制度，以确保考核制度的合理、公平、科学
职责3	组织、指导各部门绩效考核的实施，协助解决考核过程中出现的争议
职责4	组织、指导部门领导进行绩效考核面谈，并提出改善目标和建议
职责5	根据绩效考核结果和相关规定，报相关领导审批后，对相关人员实施奖惩
职责6	各部门、员工绩效申诉工作的受理
职责7	汇总各项考核信息，撰写考核分析报告并报人力资源部经理审批
职责8	协助人力资源部经理进行企业薪酬体系的建立与日常薪酬福利的管理
职责9	根据企业实际情况，提出绩效考核改善建议，经批准进行修订
职责10	完成领导临时交办的其他工作

图 1－26　绩效主管的岗位职责

（二）采购绩效专员的岗位职责

绩效专员是绩效管理工作的主要实施者之一，在绩效主管的领导下负责绩效管理工作的具体实施，其具体岗位职责如图 1－27 所示。

职责1	参与绩效管理制度、方案的制订与完善，并推动其实施
职责2	设计与优化绩效考核标准
职责3	协助绩效考核主管做好企业的考核工作
职责4	对考核过程进行跟踪并对考核过程中出现的问题予以解决
职责5	负责绩效管理的培训，并向员工解释各种相关制度
职责6	受理员工绩效考核申诉，对不能给与解决的问题及时上报绩效主管
职责7	及时根据公司需要提供绩效数据支持
职责8	对考核结果、考核制度等资料做好分类、归档等管理工作
职责9	完成领导临时交办的其他工作

图1－27　绩效专员的岗位职责

二、采购绩效管理流程

（一）采购管理绩效评估流程

表1－32　采购管理绩效评估流程说明

任务概要	采购管理绩效评估
节点控制	相关说明
1	①在对采购部门工作绩效进行评估前，需明确采购工作绩效评估的标准和方法； ②采购工作绩效评估主要依据采购组织绩效指标体系，其主要包括采购计划完成率、来料合格率、采购成本、采购周期、新开发供应商个数、库存周转率等。
2	采购部经理根据确定的评估标准，在相关部门的配合下，组织本部门开展绩效评估工作。
3	①采购部经理根据汇总的绩效评估结果，撰写绩效评估报告并报总经理审批； ②采购部经理根据绩效评估的结果，与部门人员共同制订绩效改进实施方案，制订的绩效改进方案报总经理审批后组织实施。

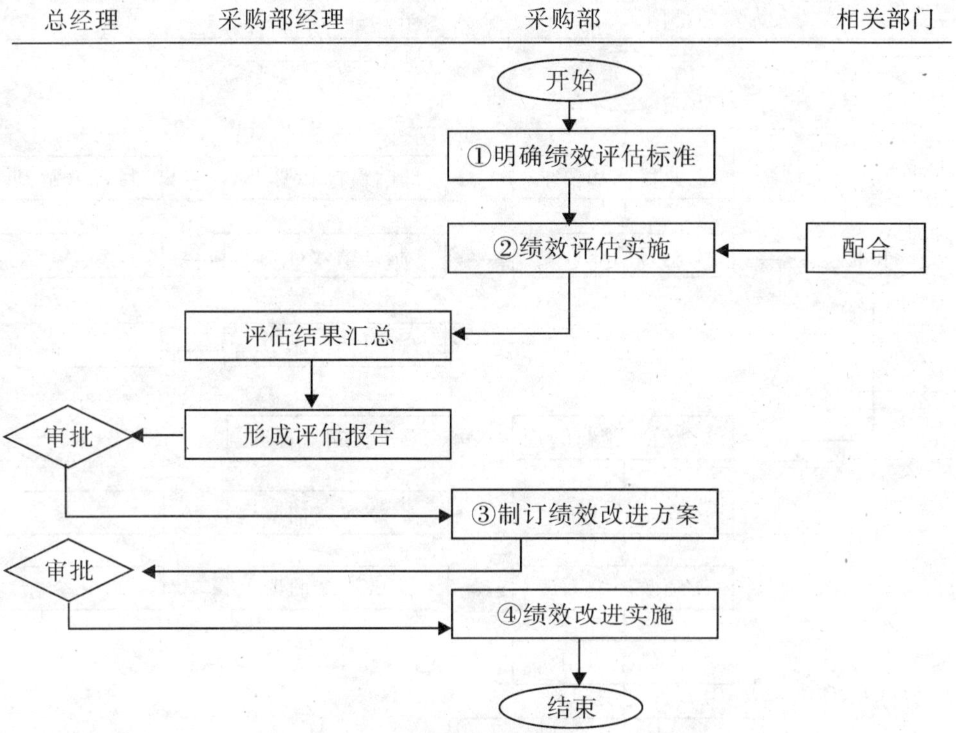

图 1－28　采购管理绩效评估流程图

（二）采购人员绩效评估流程

表 1－33　采购人员绩效评估流程说明

任务概要	采购人员绩效管理
节点控制	相关说明
1	绩效计划是整个绩效管理过程的起点，是由管理者和员工共同制定的绩效契约，它包括绩效计划目标及衡量标准等内容。
2	在进行采购绩效考核时，必须首先明确考核的内容及评估标准，考核的内容主要从质量、成本、效率、时间四方面进行指标的设置。
3	绩效评估的方法有多种，包括排序法、对偶比较法、关键事件法、目标管理法、360 度考核法等。
4	在绩效面谈这一环节中，主管人员应就考核结果与员工进行沟通，让员工了解公司对自己的期望，认识到自己的优势和劣势，从而不断提升工作绩效。
5	考核的结果应与公司人事制度结合起来，以达到对员工更好的激励作用。

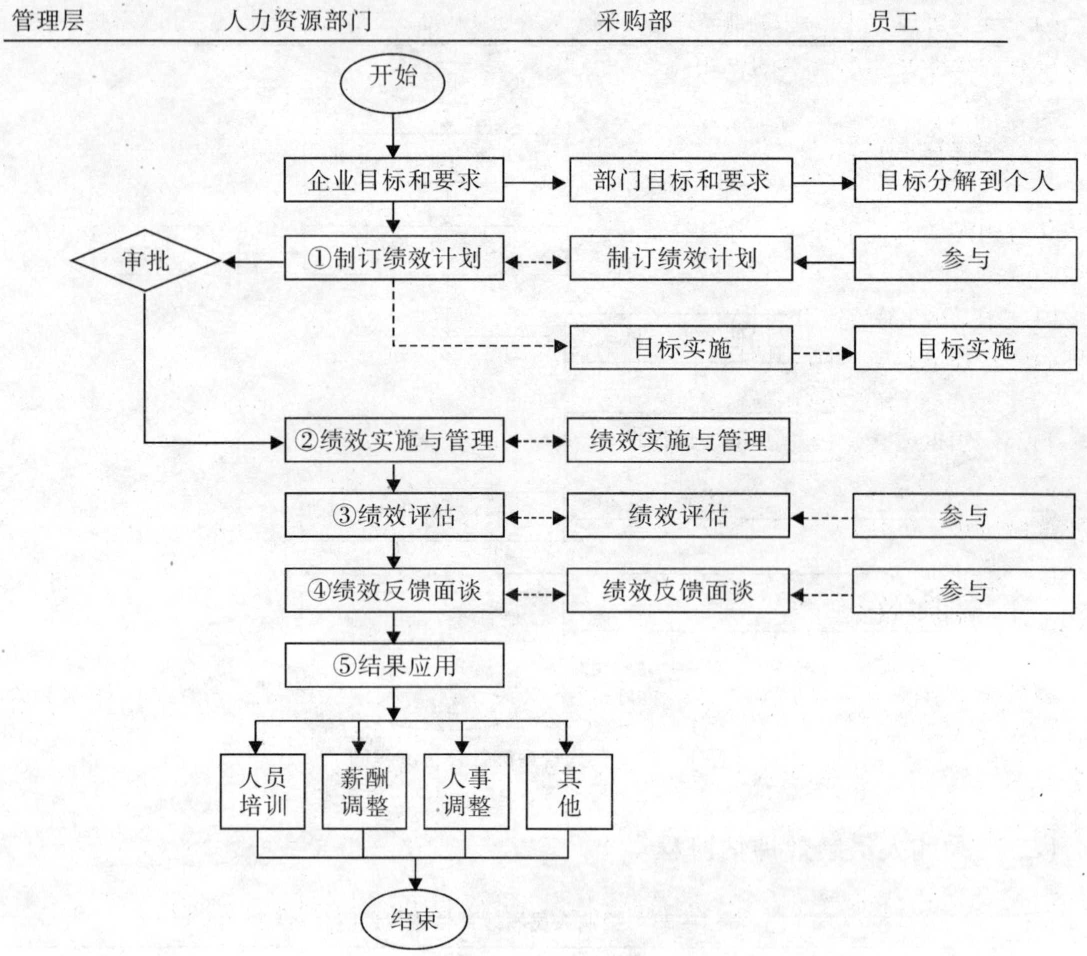

图 1－29　采购人员绩效评估流程图

任务实施

一、现状分析

通过深入调查，我们发现该公司在人力资源管理方面主要存在如下问题：

（1）现有的采购绩效考核体系不健全，考核后只是进行简单的评估，没有进行绩效反馈面谈，被考核者并不十分清楚自己需要改善的地方。因此，公司的采购绩效考核体系并没有真正做到改善员工绩效，实现员工与企业共同发展之目的。

（2）考核指标不够量化，以至于上级主管经常凭个人主观印象打分，很多时候考核结果并不能反映被考核者的真实水平。

（3）考核指标的设计主要从本部门角度出发，没有全局观，以至于部门之间横向沟通经常不畅，出现问题后，各部门谁都不愿意承担责任。

（4）采购绩效考核未与薪酬挂钩，采购人员对考核的意义认识不足，认为考核可有可无，考核没有发挥激励采购人员的作用。

二、解决方案

通过组织跨部门的讨论，在认真调研、分析的基础上，我们的顾问团队为该企业制订了如下绩效管理方案：

（1）在“8+1绩效考核量化技术”的基础上，重新构建量化的绩效考核体系，完善绩效管理制度，建立科学的绩效评估和反馈面谈机制，使绩效考核真正发挥改善员工绩效的作用。

（2）基于公司的发展战略，完善各部门的绩效考核指标，使各部门的考核既能促进员工本人和部门内部发展，又能兼顾全局。

（3）把绩效考核与薪酬管理联系起来，考核结果与员工薪酬挂钩，奖优惩劣，使考核真正发挥激励员工的作用。

三、实施效果

新的绩效管理方案实施后，公司领导和各级员工都表示满意，员工工作积极性明显提高，企业销售收入不断上升。一年后，该公司汽车出口超过10 000辆，比上一年同期增长149%，销售收入同比上升201%。公司在国际市场上也取得了重大突破，在东南亚、北非、中东等地之后又顺利地进军南美、东欧市场。

任务二　采购绩效考核指标选取与考核表设计

任务描述

任务要求：指出采购绩效考核表正误

某生产企业采购绩效主管为了更好地对采购人员进行绩效管理，设计了如下的采购人员绩效考核表：

表 1－34　采购人员绩效考核表

采购人员绩效考核表			
部门	职位	姓名	考核日期

一、定量考核表（100 分）

序号	项目	子项目		目标值	实际值	权重	得分	考评人
1	价格成本指标	1.1	平均单价达成率	100.00%		15		
		1.2	平均付款周期达成率	100.00%		15		
2	质量交付指标	2.1	来料检验合格率	98.00%		15		
		2.2	交货数量准确率	100.00%		15		
		2.3	物料准时交货率	95.00%		15		
3	效率指标	3.1	工作量完成率	100.00%		20		
		3.2	供应商开发达成率	100.00%		15		
						TAL：		

备注：1. 得分 =（实际值/目标值）* 权重

2. 如实际值 > 目标值，则得分为满分

二、定性考核表（100 分）

序号	评定要素	定义	分值标准	得分	考评人
1	工作速度	是否处理事务，没有等待窝工，完成标准和工作量	1～5 分		
2	工作效率	工作是否麻利，没有浪费	1～5 分		
3	工作正确度	工作是否正确无误，无事故无损害，值得信赖	1～5 分		
4	工作出色度	工作内在质量是否出色	1～5 分		
5	服从性	是否遵守公司纪律，是否服从上级工作安排	1～5 分		
6	协作性	是否能帮助上级同事完成工作，是否与同事和睦共事	1～5 分		
7	积极性	是否有增加工作量、提高工作质量的愿望 是否有改进和改善工作的热情	1～5 分		
8	责任心	是否能善始善终地完成本职工作 遇到工作失误时，是否推卸责任	1～5 分		
9	知识水平	是否具备完成本职工作的知识和技能	1～5 分		
10	承受力	是否具备完成本职工作的承受力	1～5 分		
			TAL：		

三、得分计算

1	定量考核总分 * 70% =
2	定性考核总分 * 30% =
3	考评分值：1 + 2 =

四、级别判定

依据部门绩效管理制度，本月份考评为：____________

请指出上述采购人员绩效考核表错误之处。

知识准备

一、采购绩效考核指标

生产企业采购工作业绩考核指标如表 1－35 所示：

表 1－35 采购工作业绩考核指标

考核项目	考核指标	
工作业绩考核	质量指标	进料验收指标
		在制品验收指标
	数量指标	储存费用指标
		呆料、废料处理损失指标
	时间指标	紧急采购费用指标
		停工断料损失指标
	价格指标	实际价格与标准成本的差额
		实际成本与过去移动平均价格的差额
	采购效率（活动）指标	采购金额
		新供应商开发个数
		错误采购次数
		订单处理的时间
		采购计划完成率
	管理类指标	部门人员流动率
		部门协作满意度

二、采购绩效管理表格

表 1－36　采购目标管理卡

目标	目标值	权重	工作计划	完成时间	工作进度（%）				工作条件	工作权限	考评
					3 月	6 月	9 月	12 月			
采购计划完成率	达到__%	30%		计划							
				实绩							
采购质量合格率	达到__%	30%		计划							
				实绩							
采购成本降低	降低__%	10%		计划							
				实绩							
提高交期准确率	达到__%	10%		计划							
				实绩							
每月开发新供应商	不少于__家	10%		计划							
				实绩							
加速呆、废料处理	控制在库存总额的__%以内	10%		计划							
				实绩							

表 1－37　采购人员绩效考核表

被考核者姓名		所在职位		所属部门	
考核期间	____年____月____日至____年____月____日				

1. 考核得分汇总

考核内容	权重	被考核得分	考核得分
工作态度	10%		
工作能力	30%		
工作业绩	60%		

2. 考核评估

考核内容	考核项目	评价要点	评分
工作态度	勤务态度	1. 严格遵守公司规章制度 2. 积极协助上级领导的工作 3. 热爱本职工作	
	工作责任心	工作一丝不苟，且勇于承担责任	

（续上表）

工作能力	语言表达能力	能清晰地表达所要传递的信息	
	沟通能力	掌握一定的沟通技巧	
工作业绩	采购计划完成率	采购任务的完成情况	
	采购及时率	采购工作保证企业生产（经营）的顺利进行	
	采购物资质量合格率	采购物资的质量情况	
	采购成本控制	采购成本的降低情况	
	供应商信息管理	对供应商档案信息、价格信息及其他相关信息的收集和整理工作的完成情况	
三、综合评价			
部门经理评价			
人力资源部评价			

表1－38　采购绩效改进表

被考核者		所在职位		所属部门	
不良绩效描述					
需改进的绩效	采取的措施		完成时间	改进后的效果	
被考核者签字		直接主管签字		部门经理签字	

姓名		所在职位		所属部门		直接领导	
1. 评估期间绩效未符合工作标准之事实描述							
2. 原因分析							
3. 改善目标及措施（需详细说明工作内容、实施日期、完成日期等）							
4. 改进措施记录							
5. 改进效果评价及后续措施							

表 1-39　采购绩效奖惩表

编号：__________　　　　　　　　　　　　填写日期：________年______月______日

姓名		所在职位		所属部门	
奖惩事由					
奖惩方式					
部门经理核定	签名：　　　　日期：　年　月　日				
人力资源部核定	签名：　　　　日期：　年　月　日				
总经理批示	签名：　　　　日期：　年　月　日				

任务实施

一、线性权重法

线性权重法是一种定量决策方法，用于优选方案，常用于采购绩效管理、供应商评价选择中。

（一）评价指标的量化

评价指标的量化就是获取评价指标的权重和量值。由于具体情况的变化和差别，要给出每个指标的量值和权重是十分困难的。

指标量值的获得主要是由专家根据其经验和项目本身的特点，对项目所涉及的评价指标按优劣打分，如可以设为优、良、中、差四个档次，每个档次分别为 4 分、3 分、2 分、1 分，对每个评价指标给出相应的分数，这个分数就是评价指标的量值。

评价指标的权重也就是每个指标对项目的相对重要程度，权重也是通过专家给出和历史资料获得的，但需注意的是，整个指标体系中所有指标的权重之和等于 1。

（二）计算模型

假设指标体系中第 i 个指标的量值记为 x_i，第 i 个指标的权重记为 ω_i：某方案的综合评估值记为 y，则 $y=\sum_{i=1}^{m}\omega_i x_i$

通过线性权重法可以计算出不同方案每一评估阶段的综合评估值，有利于决策者比较分析。

二、任务分析

运用线性权重法对采购部、采购人员进行绩效考核时，需要注意三点：①应仔细考虑采购部、采购人员绩效指标体系中包含哪些指标；②根据每一指标在指标体系中的重要程度给它赋予相应的权重，权重大小的确定应合理；③绩效考核人员根据考核对象在指标体系中所有指标方面的表现打分，考核人员在打分时应当客观公正。

本任务中，采购绩效主管设计的定量考核表包含 7 个子指标，但采购绩效主管在给每一子指标赋予相应权重时，权重的和不为 1。

实训项目

实训案例：某外贸公司绩效量化考核

一、企业背景

某外贸公司成立于 1994 年，是一国有大型集团公司的子公司，该公司除经营其母公司的另一子公司产品的外贸出口业务外，还代理国内数十家同类产品的外贸出口业务。该公司经过几年的发展，规模迅速壮大，销售额已突破 10 亿元。然而随着该公司规模的不断发展壮大，管理的瓶颈变得越来越突出，于是该公司引进柏明顿顾问公司的人力资源管理咨询项目，对公司的人力资源管理平台进行全方位的诊断和重构，以迎接未来的挑战，获得更大的发展。

二、现状分析

通过与公司各级人员的面谈和书面调查，我们发现：

（1）该公司基本上没有自己的绩效考核指标体系，公司人员的绩效评级仅仅依靠上级主观的整体感觉，对其下属做“优、良、中、差”的评价。绩效考核既没有与薪酬挂钩起到激励作用，也没有起到诊断和改善的目的。

（2）该公司的销售人员的薪酬体系单一，为简单的“底薪 + 提成模式”，而提成仅仅依据销售回款额和固定的提成率计算得出，没有把销售费用、销售毛利等因素纳入付酬因素考虑。这主要是因为国有企业领导缺乏效益观念，忽视企业的盈利能力，而仅仅把“做大做强”作为企业唯一的目标。究其根源在于集团公司缺乏对高层领导的全面绩效评估。

（3）人员晋升主要通过国有企业传统的“民主评议”形式——无记名投票来进行，人际关系因素在其中起了关键作用，没有建立起“以业绩为导向”的企业文化。

三、解决策略

通过分析，我们提出了对该公司绩效管理体系的改革策略：

（1）在柏明顿“八因素量化绩效考核技术”的基础上，建立完善的量化绩效考核指标体系。

（2）将全面的绩效考核与薪酬挂钩，改变依靠单一指标设置激励薪酬的做法。

（3）构建绩效计划、绩效实施、绩效考核评估和绩效改善为一体的绩效管理体系，将绩效管理体系与培训晋升合理对接起来。

（4）改变高层人员的传统观念，引导企业构建以业绩为导向的企业文化。

四、实施效果

通过新的绩效管理体系以及对柏明顿公司其他顾问模块的引入，该公司如“脱胎换骨”，两年来获得了更加健康的发展，员工普遍感到处在公平竞争的企业内部环境中，公司利益和个人利益实现了完美的统一。

学习情境二　商业企业商品采购作业

【学习目标】

知识目标	1. 了解商业企业采购部架构及采购人员选拔流程； 2. 理解商业企业采购计划与预算制订； 3. 熟悉商业企业采购作业流程； 4. 熟悉商业企业采购绩效管理。
技能目标	1. 能够拟订商业企业采购市场调查方案； 2. 能够设计商业企业采购市场调查问卷； 3. 能够制订商业企业采购计划与采购预算； 4. 能够独立编制商业企业采购文件，组织采购谈判，组织采购实施。
职业能力目标	1. 具有对市场需求的调查、分析能力； 2. 具有根据采购环境、市场需求的变化制订采购计划的能力； 3. 具有良好的沟通、协作和组织能力。

子学习情境1　商业企业采购部架构及采购人员选拔流程

任务一　商业企业采购部架构

任务描述

任务背景：某超市构建采购部

近年来，国内零售行业进入了规模快速扩张阶段。2004 年 12 月 11 日，我国全面取消了对外资投资国内零售企业在地域及持股比例等方面的限制，外资零售企业凭借其雄厚的资本、较高的品牌知名度、先进的管理方式和运营模式，开始加速进入我国零售市场。与此同时，国内的零售企业凭借自身对国内消费者的价值观念和购买行为等更为熟悉的优势，以及有利的政策支持，也加快了地区性或全国性的规模扩张步伐。上述原因使得国内零售企业的竞争日趋激烈。永辉超市股份有限公司是一家拥有较高品牌知名度和美誉度的连锁商贸企业，在福建和重庆市场取得了一定的优势，并已战略性地进入北京和安徽市场，但随着国内外超市企业的网点扩张，公司所在区域将面临更激烈的市场竞争。为此，公司准备进入西部中心城市重庆，预计于2013年10月份建立永辉超市股份有限公司重庆分公司，并建立当地第一家门店。

任务要求：

假设小张是该公司重庆分公司采购部的负责人，应如何建构合理、高效的采购部？

知识准备

一、商场、超市采购部职责

对商场、超市而言，采购部主要负责新商品、新项目的开发和引进，商品的补充、退换以及商品资料的维护。其具体职责如图2－1所述。

职责1	确定商品定位取向，开发引进适销商品
职责2	通过市场调研，把握市场动态，及时调整商品结构
职责3	负责确定、调整商品在店内的陈列位置，增强商品的展示程度
职责4	根据市场需要，组织、审核、落实商品促销活动，跟踪促销效果，提高市场竞争力
职责5	跟踪分店销售情况及配送中心的配送信息，及时补充货源
职责6	及时处理滞销、损坏的商品
职责7	管理采购部驻店人员，加强与各分店的沟通与协调，及时传递和反馈信息
职责8	根据季节和促销需要对商品进行组合、加工、拆分，提高商品适销性
职责9	负责商品资料的维护，保证商品资料信息的准确性
职责10	负责采购部与分店、配送中心以及供应商之间的信息沟通
职责11	负责商品采购合同档案的管理工作
职责12	跟踪分析商品销售数据，为业务决策提供依据

图2－1　商场、超市采购部职责

二、超市组织结构

（一）超市总部组织结构范例

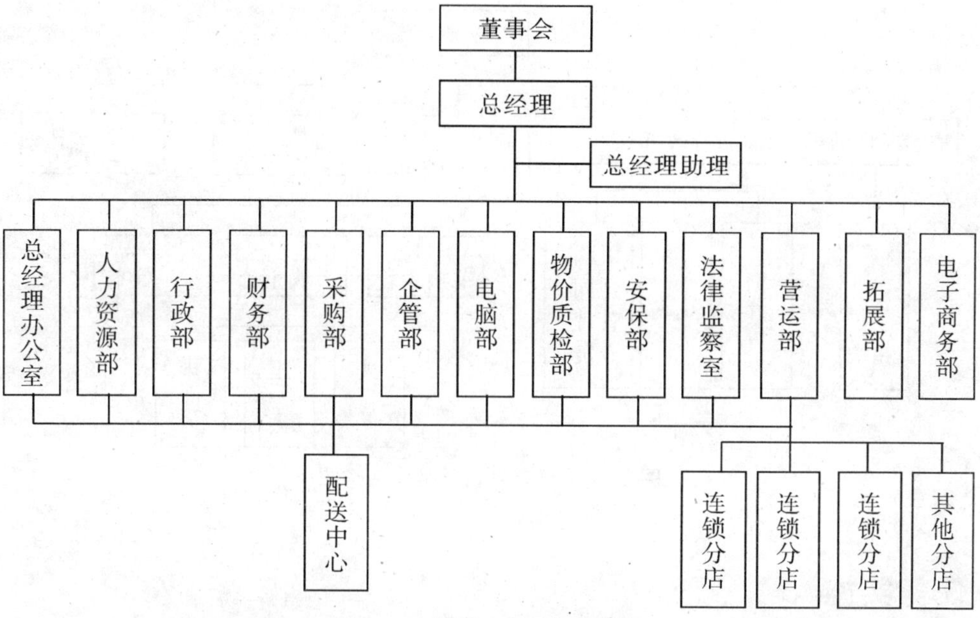

图 2－2　超市总部组织结构图

（二）超市分店组织结构范例

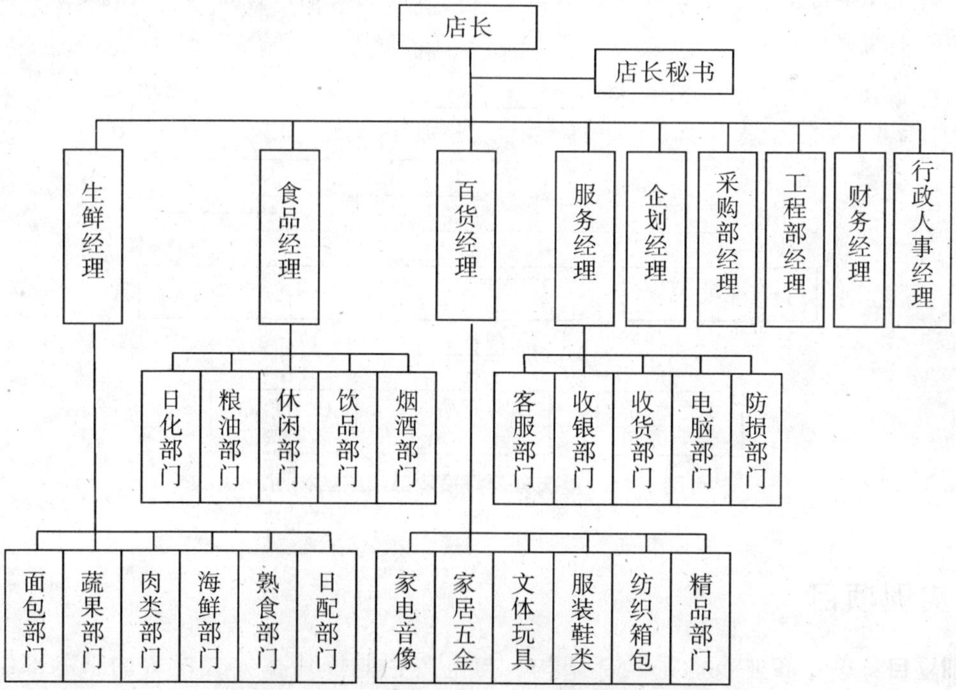

图 2－3　超市分店组织结构图

三、超市采购部组织结构图

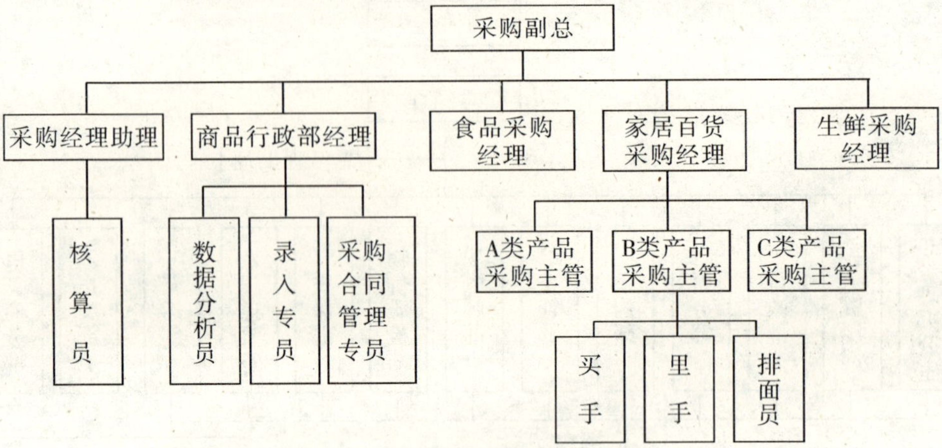

图 2－4　超市采购部组织结构图

任务实施

小张可以按商品大类分类来架构重庆分公司的采购部，在采购部经理层级下具体可设置家居百货、食品和生鲜采购主管，在主管层级下可以按商品类别设置相应的采购专员，具体负责该类商品的采购业务。

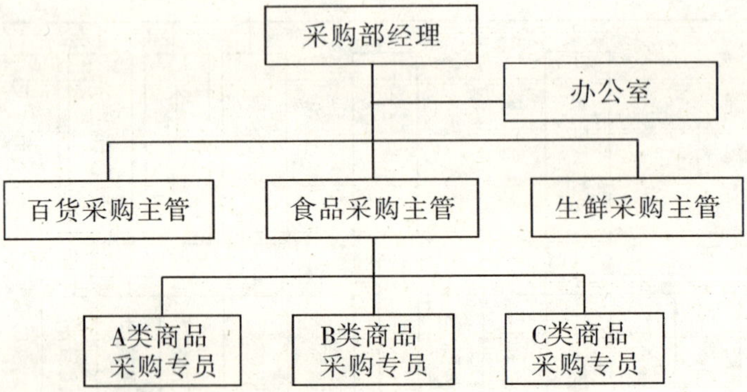

图 2－5　重庆分公司采购部组织结构图

实训项目

实训题目：思考商业企业采购部架构，与生产企业按什么方式设置的采购部组织结构类似?

任务二　商业企业采购人员选拔

任务描述

任务要求：某超市招聘选拔采购人员

永辉超市股份有限公司重庆分公司采购部经理小张在理清了采购部的架构后，就要着手招聘选拔采购人员。在采购人员选拔过程中，小张应首先弄清楚采购部主要管理岗位的岗位职责，然后有针对性地选拔合适的任职人员。假设你是小张，应如何开展工作？

知识准备

一、商业企业采购部经理岗位职责

商业企业采购部经理主要负责本企业商业流通所需商品的采购及采购部的管理，达到提高采购商品质量、降低采购成本的目的。采购经理主要岗位职责如图 2－6 所示：

职责1	根据商场超市以往经营状况编制采购部工作计划与目标，并组织实施
职责2	按计划组织实施各类商品的采购工作，保证满足日常经营活动需要
职责3	编制年度采购预算，报批后监督实施
职责4	全面规划、协调商场超市各类商品的采购、验收工作，掌握商品适销情况
职责5	组织对各类商品的国内外市场行情跟踪并预测价格变化趋势，以降低采购成本
职责6	寻找、开发和引进新产品、新项目，调查和掌握新产品的供应渠道
职责7	负责采购物流、资金流、信息流的相关管理工作
职责8	协调、控制采购以及到货的及时、准确
职责9	负责商品结构的调整和经营品种的检查，保证经营品种类别齐全、品种丰富
职责10	参与开发、选择、处理与考核供应商，建立供应商档案管理制度
职责11	负责招商厂家进店的初审把关
职责12	采购合同的制订、审核、签署与监督执行
职责13	采购商品的质量与成本控制，处理退货等
职责14	向企业管理层定期提供采购报告，提出问题解决方案
职责15	本部门采购人员的绩效考核、培训等管理工作
职责16	本部门的日常管理工作，负责和其他部门的协调工作
职责17	完成上级交办的其他工作

图 2－6　商业企业采购部经理岗位职责

二、商业企业采购部主管岗位职责

采购主管的主要职责是协助采购经理完成采购管理及部门管理等工作，其具体职责如图2－7所示：

职责1	协助采购部经理开展采购及部门管理工作
职责2	分派所属采购人员的日常采购工作
职责3	根据以往销售情况编制所辖商品类别的年度、月度采购计划，并组织实施
职责4	在采购部经理的指导下，编制所属商品类别的采购预算，并控制采购费用
职责5	参与供应商信息的分析，参与供应商的选择与评估，建立供应商档案并进行管理
职责6	签订和送审小额采购合同
职责7	关注适销与滞销商品，及时调整商品结构及淘汰滞销品
职责8	关注、了解市场动态，及时解决进货中的问题
职责9	制作商品到货、入库相关单据，积极配合仓储部保质、保量地完成采购货物的入库
职责10	协助采购部经理规范采购政策和行为，确保商场超市利益
职责11	编制所属商品类别采购活动的分析总结报告并上报，及时提出工作改进意见
职责12	完成采购部经理交办的其他工作事项

图2－7　商业企业采购部主管岗位职责

三、采购人员应具备的素质

采购人员必须具备与工作复杂性相适应的素质和能力，要通过专业化的工作和能力培训达到甚至超过与企业和市场要求相适应的水平。因此，采购人员培训内容包括个人素质与技巧、采购专业知识及其他相关专业知识等方面，其中谈判技巧是采购人员需要通过培训和实践掌握的一项基本技能。采购人员的管理与发展作为企业或企业人力资源管理与发展的一个重要组成部分，是保障采购能力形成与培养、采购队伍建设与发展的基本内容，因此采购人员的选用对于企业的发展是非常重要的。对现代企业来讲，选择好的采购人员主要考虑以下两个方面：

（一）品德方面

采购工作没有固定规则可循，加上采购行为稽查困难，使得采购工作是“良心工作”。因此，觉悟高、品行端正是一个采购员应有的基本素质，只有思想品德高尚，才能大公无私、克己奉公，不贪图个人小利，处处为企业大局着想。

（二）知识与能力

知识和能力既是相辅相成又是相互独立的。知识是能力的强大后盾，能力是知识的反映。但是作为采购人员，只有专业知识是远远不够的，参加实践的能力才是为企业带来财富的根源。

1. 采购人员应具备的知识

（1）政策、法律知识。政策、法律知识包括国家出台的各种相关法律、价格政策以及商品的专营方向等，有助于维护国家与企业利益。

（2）市场知识。了解消费者需要，掌握市场细分策略以及产品、价格、渠道、促销方面的知识，才能合理地选择采购商品的品种，从而保证采购的商品适销对路。

（3）业务基础知识。业务知识包括谈判技巧，商品知识（商品功能、用途、成本、品质），签约的基本知识等，这是做好本职工作的关键，将有助于加强与供应商的沟通，能主动进行价值分析，开发新来源或替代品，有助于降低采购成本。

（4）社会心理知识。了解客户的心理活动，把握消费者的心理需求，从而提高采购工作的针对性。

（5）自然科学知识。自然科学知识包括自然条件、地理、气候、环境变化以及数理知识和计算机知识。将现代科技知识用于采购过程，把握市场变化规律，从而提高采购工作的效率与准确性。

（6）文化基础知识。这是其他知识的基础，一个文盲是干不好采购工作的。

2. 能力素质

知识不等于能力，国外心理学家研究表明，要办好一件事，知识起的作用只有四分之一，而能力起的作用占四分之三，可见能力更为重要。要做好采购工作，采购人员同样应具有相应的能力，我们把采购人员应具备的能力归纳为：

（1）市场分析能力。分析市场状况及发展趋势，分析消费者购买心理，分析供货商的销售心理，从而在采购工作中做到心中有数，知己知彼，百战百胜。

（2）团结协作能力。采购过程是一个与人协作的过程，一方面采购人员要与企业内部各部门打交道，如与财务部门打交道，解决采购资金、报销等问题；与仓储部门打交道，了解库存现状及变化等；另一方面采购人员要与供应商打交道，如询价、谈判等。采购人员应处理好与供应商和企业内部各方面的关系，为以后工作的开展打下基础。

（3）语言表达能力。采购人员是用语言文字与供应商沟通的，因此，必须做到正确、清晰地表达所欲采购产品的各种条件，如规格、数量、价格、交货期限、付款方式等。如果口齿不清，只会浪费时间，导致交易失败。因此采购人员的表达能力尤为重要，是采购人员必须锻炼的基本技巧。

（4）成本分析和价值分析能力。采购人员必须具有成本分析能力，会精打细算。买品质太好的商品，物虽美，但价更高，会加大成本；若盲目追求“价廉”，则必定付出品质低劣的代价或伤害自身与供应商的关系。因此，对于供应商的报价，要结合其提供的商品的品质、功能、服务等因素综合分析，以便买到适宜的商品。

(5) 前景预测能力。在市场经济条件下，商品的价格和供求在不断变化，采购人员应根据各种产销资料及与供应商打交道中供应商的态度等方面来预测将来市场上该种商品的供需情况，如商品的价格、销量等。

四、采购人员应具备的观念

正确的采购观念可以引导采购人员按照客观规律办事，提高采购工作的质量。我们认为现代采购人员应具备的观念有以下六个方面：

（一）战略观念

从企业大局出发，把握企业发展战略目标，使采购工作符合企业整体发展要求。

（二）经济观念

在采购过程中讲究经济核算，提高购进环节的经济效益。尽量组织本地产品购进，货比三家，择优而购，精打细算，节省开支。

（三）市场观念

把握市场发展规律，关注市场变化趋势，善于抓住每一个机会。

（四）竞争观念

竞争是市场经济条件下的必然现象，在采购过程中同样充满了竞争，既有采购人员与供应商的竞争，又有与同行之间的竞争。很显然，竞争会给采购人员的工作带来压力，因此，采购人员要善于竞争，把竞争的压力转化为做好采购工作的动力。

（五）服务观念

采购过程实际上是一个服务过程。一方面为供应商服务，在采购过程中着眼于长远利益，为供应商提供力所能及的服务，如提供信息、协助推销、介绍新客户等；另一方面，对企业内部来说，采购要为企业经营服务。

（六）创新观念

创新观念即出奇制胜，一方面在采购过程中要有新招数，如开发新货源或选择更好的供应商，以提高采购工作的效率；另一方面也要在企业经营项目上独辟蹊径，做到“人无我有、人有我优、人优我廉、人廉我转”，从而使企业立于不败之地。

任务实施

一、公司人员招聘流程

为了适应公司发展的需要，本着为公司和工作负责的原则，公司各部门因工作需要增加工作人员或岗位的，请遵照以下招聘流程，实施招聘工作：

(1) 公司各部门因业务需求，需要招聘员工者，由部门主管向公司行政人事部提出招聘申请和招聘计划，并在招聘计划中注明需要招聘人员的原因、招聘人员数量、招聘条件（包括应聘人员的专业要求、性别、工作经历年限等）、受聘人员主要工作等事项。

（2）人事部接收到申请后，根据各部门招聘申请，结合该部门人员编制和实际情况，尽快与各部门人员沟通后提出招聘意见并上报总经理审批，获准后执行招聘。

（3）人事部门制订招聘方案及与招聘工作相关的表格，同时拟订招聘计划后按照招聘方案施行招聘，并通过各种方式（如报纸、电视广告、网络、人才招聘会、人才交流会等）面向社会发出招聘信息（包括招聘条件、应聘人员需带的资料、应聘时间地点等）。

（4）应聘人员携带个人资料及证件到公司指定地点参加面试（如有需要可让其先参加笔试再面试）。

（5）人事部在收齐应聘者资料后，协同用人部门主管或部门专业人员对应聘者资格进行书面材料初审，并对前来参加面试的人员进行面试（若有笔试，则应提前通知笔试成绩合格或达到要求的应聘人员前来面试）。

（6）人事部配合用人部门人员对应聘者的专业素质、业务能力以及综合素质进行综合分析并对应聘人员进行评价，共同决定合格者并拟定录用。人事部门负责将面试结果及拟定录用人员的资料汇总后报总经理批准。获准后，由人事部门通知受聘者到公司报到进行试用。部门负责人或经理一级人员的招聘由总经理对其进行面试，面试合格后进行试用（试用期均为 3 个月）。

（7）人事部门对参加面试以及进入试用期的人员资料进行归档管理，具体事由参照《公司档案管理制度》相关条例执行。

（8）人事部协同用人部门对试用期内的员工进行考核并对试用期满的员工进行综合考评（考评办法参照公司《考勤管理制度》相关条例），将试用期间的员工的考评结果及试用期间的表现情况进行综合评价，拟定正式录用意见，将录用意见报总经理审批。获准后，由人事部通知试用期人员被正式录用或被辞退。

（9）人事部召集试用期满且被正式录用的职员与公司签订劳动合同。

（10）凡被公司正式录用的员工均按公司有关规定享受正式员工待遇。

二、永辉超市股份有限公司重庆分公司采购经理招聘书

工作地区：重庆市

职位性质：全职

招聘人数：3 人

职位月薪：面议

学历要求：大专

工作经验：3 年以上

语言要求：略

1. 永辉超市股份有限公司重庆分公司简介

2. 职位描述

岗位职责：

(1) 负责公司大家电产品（如彩电、空调、冰箱、洗衣机等）的采购工作，制订采销计划及相关预算，优化采销流程，完成本部门各项任务指标；

(2) 与供应商进行谈判，争取最具竞争力的商品价格；

(3) 根据商品销售数据以及市场变化趋势，管理、控制商品库存。

任职资格：

(1) 大专以上学历，采购、市场营销、管理类相关专业；

(2) 3 年以上大家电采购工作经验，熟悉采购管理运作流程，具备较好的当地供应商资源，有大型外资、电子商务、零售超市采购管理经历者优先考虑；

(3) 具有较强的沟通谈判能力与执行能力，贯彻执行总部下达的采销目标；

(4) 具有较强的区域市场洞察力、灵活应变能力与抗压能力；

(5) 具有良好的职业道德与职业操守。

3. 招聘方式：笔试 + 面试

4. 联系电话：略

传真电话：略

邮箱：略

公司地址：略

实训项目

实训题目： 自 2004 年初正式涉足电子商务领域以来，京东网上商城一直保持高速增长，连续 4 年增长率均超过 300%。京东网上商城始终坚持以纯电子商务模式运营，缩减中间环节，为消费者在第一时间提供优质的产品及满意的服务。目前，“京东价”已经成为国内 3C 销售领域的价格风向标。京东网上商城在线销售商品包括家用电器、手机数码、电脑商品及日用百货四大类超过 3.6 万种商品。京东网上商城拥有超过 350 万注册用户，日订单处理量突破 10 万，日均 PV 超过 1 000 万。京东网上商城已经成为中国消费者选购 3C 产品的重要途径。目前，360buy 京东商城（广州分公司）欲招聘 3 名采购主管，请你撰写一份采购主管招聘书。

子学习情境 2　商业企业采购计划与预算制订

任务描述

任务背景：某家电连锁企业制订采购计划与采购预算

某家电连锁企业主要经营电视机、冰箱、空调、洗衣机四大类商品。为了更好地做好 2012 年的经营工作，现在公司正在编制 2012 年的商品采购计划，可供参考的资料如表 2－1 所示：

表 2-1　某家电连锁企业销售计划与库存计划

	2012 年计划销售量（单位：台）	2012 年各类商品零售单价（单位：元）	2012 年计划扣减额（占销售额的百分比）	2012 年期初存货（单位：万元）	2012 年年末存货（单位：万元）
电视机	10 000	3 000	5%	550	2 500
冰箱	15 000	1 500	2%	795	1 500
空调	12 000	2 000	10%	1 640	1 000
洗衣机	20 000	1 500	6%	1 180	1 000

另外，公司的商品成本约为零售价格的60%。

请你为该公司制订一个 2012 年的商品采购计划及商品采购预算。

知识准备

一、销售计划

销售计划指规定企业在计划期内（年度）销售产品的品种、质量、数量和交货期，以及销售收入和销售利润等。

商业企业制订采购计划要以销售计划为主要依据。

二、计划采购额

（1）计划采购额。

计划采购额（按零售价计）＝本期的计划销售＋本期的计划扣减＋计划期末存货－期初存货

计划采购额（按成本计）＝计划采购额（按零售价计）×商品成本占零售价格的百分比

（2）采购限额，是给定时期内计划采购额与采购员承诺的购买款项之间的差额，它代表采购员留待当月购买的数量。

采购限额（按零售价计）＝当月计划采购额－当月承付款项

采购限额（按成本计）＝按零售价计算的采购限额×商品成本占零售价百分比

作用：①确保零售商在现有库存与计划销售额之间保持一种确定关系，避免采购过多或不足；②使公司能调整商品采购额以反映销售、降价等的变化。

（3）计划毛利。

零售商在进行商品预算时，对获利性非常感兴趣。

要求的初始加价率 =（计划零售营业费用 + 计划利润 + 计划扣减额/计划销售额 + 计划扣减额）×100%

三、商业企业采购计划表

（一）商品采购计划表

表 2－2　商品采购计划表

品种	货号	供应商编号	规格	数量	单价	金额	购进方式	提货方式	采购日期	到货日期
备注										
填表人			采购部经理签字				总经理签字			

时间：　　　　　　　　　　时间：　　　　　　　　　　时间：

（二）商品年度采购计划表

表 2－3　商品年度采购计划表

编号：　　　　　　　　　　制表人：

物品种类									
序号	品名	规格	单位	单价	年度销售量	现有库存量	年计划采购量	年用金额	计划采购日期
1									
2									
3									
……									

制表日期：_____年_____月_____日　　本表有效期：_____年_____月_____日至_______年_____月_____日

四、商业企业制订预算的目的

商业企业制订预算主要是为了达到以下目的：

（1）保障企业战略计划和作业计划的执行，减少企业的经营风险与财务风险。

（2）协调企业各部门之间的合作经营。

（3）在企业各部门之间合理安排有限资源，保证资源分配的效率性。

（4）对企业物流成本进行控制、监督。

任务实施

此任务是通过一个简单的实例来说明商业企业如何把销售计划转化为采购计划。任务实施步骤如图 2－8 所示，具体说明如下：

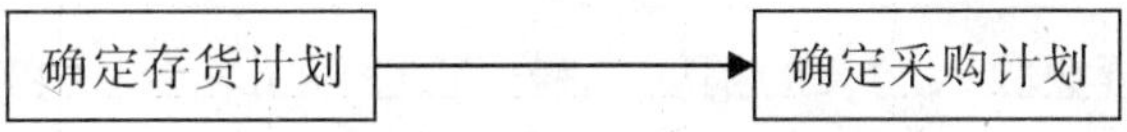

图 2－8　销售计划转化为采购计划过程

第一步：计算计划销售额与计划扣减额。此任务中计划销售额与计划扣减额没有明确给出，而这是不可缺少的中间变量，所以要计算出来。根据销售部门的要求，可以计算出 2012 年每种商品的计划扣减额，如表 2－4 所示。

表 2－4　某家电连锁企业计划销售额与计划扣减额　（单位：万元）

商品	电视机	冰箱	空调	洗衣机
计划销售额	3 000	2 250	2 400	3 000
计划扣减额	150	45	240	180

第二步：计算计划销售量。各种商品期初存货金额和期末存货金额已知，根据公式：计划采购额（按零售价计）＝本期的计划销售＋本期的计划扣减＋计划期末存货－期初存货，可以得出各种商品的年度采购金额。

表 2－5　某家电连锁企业计划采购额（按零售价）　（单位：万元）

商品	电视机	冰箱	空调	洗衣机
计划采购额	5 100	3 000	2 000	3 000

第三步：计算计划采购额（按成本价计）和计划采购数量。

表 2－6　某家电连锁企业计划采购额（按成本价计）与采购数量

商品	电视机	冰箱	空调	洗衣机
计划采购数量（台）	17 000	20 000	10 000	20 000
计划采购额（万元）	3 060	1 800	1 200	1 800

实训项目

实训题目：

下面是某零售商 2011 年简化利润表。基于 2011 年度的财务信息以及对 2012 年度的经营预测，公司财务经理要制订 2012 年度管理费用和营业费用的预算。

公司预计 2012 年度的营业收入可以达到 600 万元，财务经理据此确定 2012 年度管理费用的预算为 120 万元，营业费用的预算也按比例确定为 144 万元。而到 2012 年末，公司实际完成了营业收入 550 万元，实际发生管理费用 109 万元，实际发生营业费用 130 万元。

请考虑以下问题：

（1）财务经理按照营业收入增长的幅度来制订管理费用和营业费用的预算是否合理？

（2）你认为 2012 年度该公司管理费用和营业费用的控制情况怎么样？

表 2－7　某零售商 2011 年简化利润表

项目	金额（万元）
主营业收入	500
减：主营业成本	200
主营业税金及附加	30
主营业利润	270
减：管理费用	100
营业费用	120
财务费用	10
税前利润	40
减：所得税	16
税后利润	24

子学习情境3　商业企业采购作业实施

任务描述

任务背景：某超市构建采购部

小张是永辉超市股份有限公司重庆分公司采购部经理，在组建好采购部和配备好采购人员后，小张的首要工作就是规范分公司各项采购作业，以提高采购效率，满足各下属门店的经营需要。

假设你是小张，应如何展开工作？

知识准备

商品采购是超市主要业务活动之一。为了保证企业采购到适销对路的商品，必须认识了解采购过程，做好采购业务决策，加强对商品采购过程的监督，确保采购工作的圆满完成。

为了科学地组织商品采购，超市必须根据自身状况，建立相应的采购部门；根据商品经营范围、品种，形成商品经营目录；确定采购渠道；进行进货洽谈，签订订货合同；完成商品检验与验收活动。

一、超市采购流程1：建立相应的商品采购部门

超市的商品采购部门分为两种：一种是正式的采购组织，专门负责商品采购工作，人员专职化。设立正式的采购部门，采购工作专业化，可以统一规划商品采购工作，人员职责、权限明确，便于提高工作效率，加强与供货单位的业务联系。

另一种是非正式的采购组织，企业不设专职采购部门，由销售部（组）负责商品采购工作。非正式采购组织一般不设专门采购人员，而由销售人员兼职从事商品采购。非正式采购组织由销售人员参与采购，便于根据市场商品销售情况确定采购活动，使购销紧密连接，但不利于对采购工作的统一控制管理。

二、超市采购流程2：制定商品经营目录

商品经营目录是超市或商品经营部（组）所经营的全部商品品种目录，是超市组织进货的指导性文件。超市制定商品经营目录，是根据目标市场需求和企业的经营条件，具体列出各类商品经营目录，借以控制商品采购范围，确保主营商品不脱销，辅营商品花色、规格、式样齐全，避免商品采购上的盲目性。

超市的商品经营目录并不是一成不变的，也要根据市场需求变化和企业经营能力适时进行调整。调整中可依据商品销售数据进行分析，了解哪些种类的商品销量下降，如果较长时间内无销售记录，可逐渐筛选淘汰。如有些商品销量上升，可适当增加经营品种和采购数量。超市还应经常开展市场调研预测：分析市场需求变化趋势，了解新产品开发情况，根据企业提供的信息，增加市场前景好的商品经营。在深入研究市场发展变化，总结自身经营状况的基础上，适时调整商品经营目录，是超市改善经营的重要手段。

三、超市采购流程3：合理选择采购渠道

超市采购渠道多种多样，如何从中进行选择呢？我们换个角度来分析。超市的供货渠道可以分为三个方面：一是企业自有供货者；二是超市原有外部供货者；三是新的外部供货者。

（一）企业自有供货者

有些超市自己附设加工厂或车间，有些企业集团设有商品配送中心。这些供货者是超市首选的供货渠道。

超市按照市场需要，组织附属加工厂加工或按样生产，自产自销，既是商品货源渠道，又有利于形成企业经营特色。有些商品如时装、纺织品、鞋帽，市场花色、式样变化快，从外部进货，批量大、时间长，不能完全适应市场变化。而从加工厂或车间加工定做，产销衔接快，批量灵活。有些超市加工定做的时装品牌也有较高的知名度和市场影响，成为吸引客流、扩大销售的有力手段。

（二）超市原有外部供货者

超市与经常联系的一些业务伙伴，经过多年的市场交往，对这些单位的商品质量、价格、信誉等比较熟悉，对方也愿意与超市合作，遇到困难相互支持。因此，可成为超市稳定的商品供应者。

超市稳定的外部供应者来自各个方面，既有生产商，又有批发商，还有专业公司等。在选择供货渠道时，原有的外部供货者应优先考虑，这既可以减少市场风险，又可以减少对商品品牌、质量的担忧，还可以加强协作关系、与供货商共同赢得市场。

（三）新的外部供货者

由于超市业务扩大，市场竞争激烈，新产品不断出现，企业需要增加新的供货者。选择新的供货者是商品采购的重要业务决策，要从以下方面进行比较分析：

（1）货源的可靠程度。主要分析商品供应能力和供货商信誉。包括商品的花色、品种、规格、数量能否按超市的要求按时保证供应，信誉好坏，合同履约率等。

（2）商品质量和价格。主要是供货商品质量是否符合有关标准，能否满足消费者的需求，质量档次等级是否和超市形象相符，进货价格是否合理，毛利率高低，预计销售价格消费者能否接受，销售量能达到什么水平，该商品初次购进有无优惠条件、优惠价格等。

（3）交货时间。包括采用何种运输方式，运输费用有什么约定，如何支付，交货时间是否符合销售要求，能否保证按时交货等。

（4）交易条件。供货商能否提供供货服务和质量保证服务，供货商是否同意超市售后付

款结算，是否可以提供送货服务和提供现场广告促销资料和费用，供货商是否利用本地传播媒介进行商品品牌广告宣传等。

为了保证货源质量，超市商品采购必须建立供货商资料档案，并随时增补有关信息，以便通过信息资料的比较，来选择供货商。

四、超市采购流程4：购货洽谈、签订合同

在对供货商进行评价选择的基础上，采购人员必须就商品采购的具体条件进行洽谈。在采购谈判中，采购人员要就购买条件与对方磋商，提出采购商品的数量、花色、品种、规格要求，商品质量标准和包装条件，商品价格和结算方式以及交货方式，另外，交货期限和地点也要双方协商，达成一致，然后签订购货合同。

一项严谨的商品采购合同应包括以下主要内容：①货物的品名、品质规格；②货物数量；③货物包装；④货物的检验验收；⑤货物的价格，包括单价、总价；⑥货物的装卸、运输及保险；⑦贷款的收付；⑧争议的预防及处理。

签订购货合同，意味着双方形成交易的法律关系，应承担各自的责任义务。供货商按约交货，采购方支付货款。

五、超市采购流程5：商品检验、验收

采购的商品到达超市或指定的仓库，要及时组织商品验收工作，对商品进行认真检验。商品验收应坚持按采购合同办事，要求商品数量准确，质量完好，规格包装符合约定，进货凭证齐全。商品验收中要作好记录，注明商品编号、价格、到货日期。验收中发现问题，要及时与运输部门或供货方联系解决。

任务实施

小张首要的工作，就是要规范采购部各项具体工作的作业流程，具体见如下各图：

一、采购计划制订流程

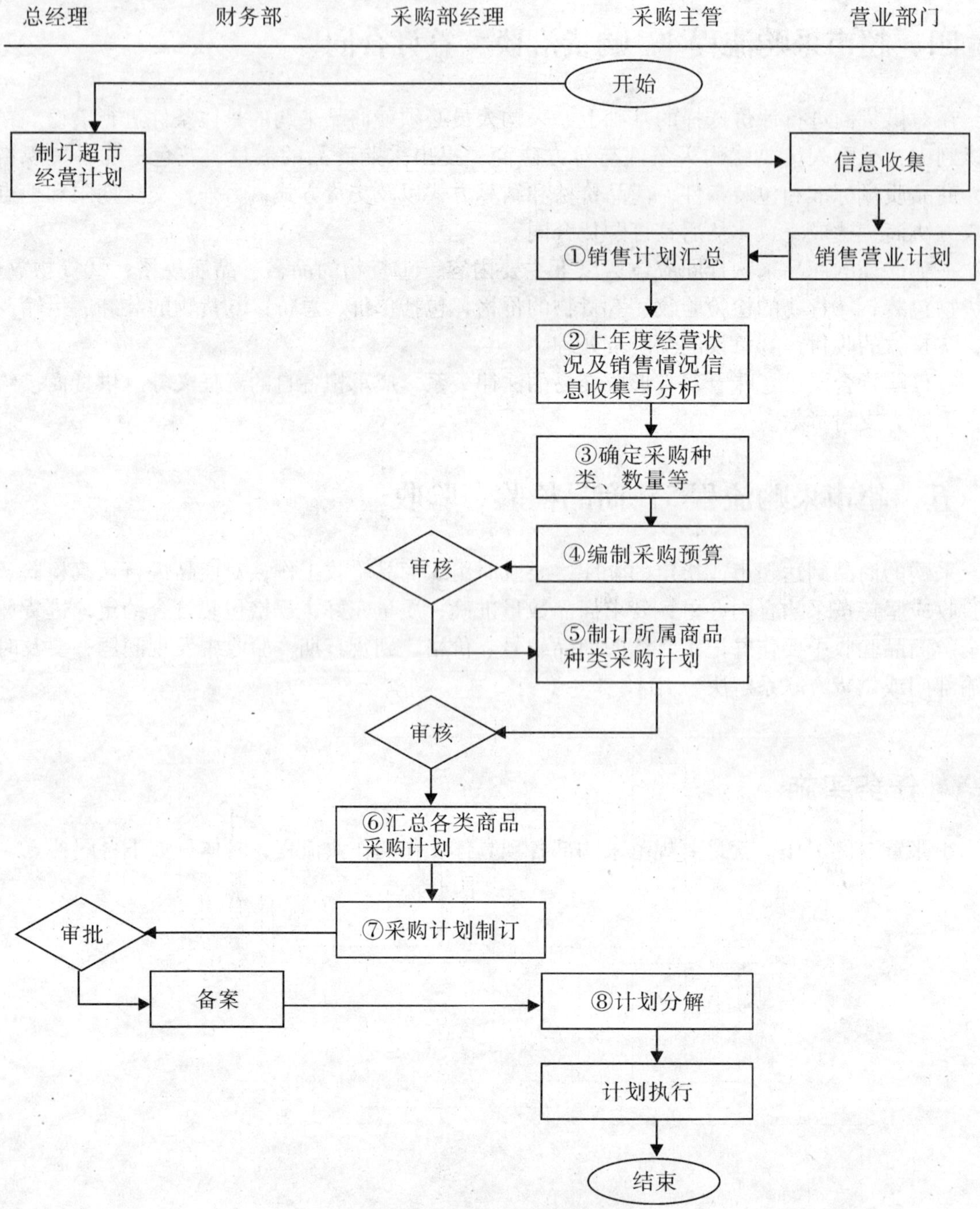

图 2－9　采购计划制订流程

二、新产品引进流程

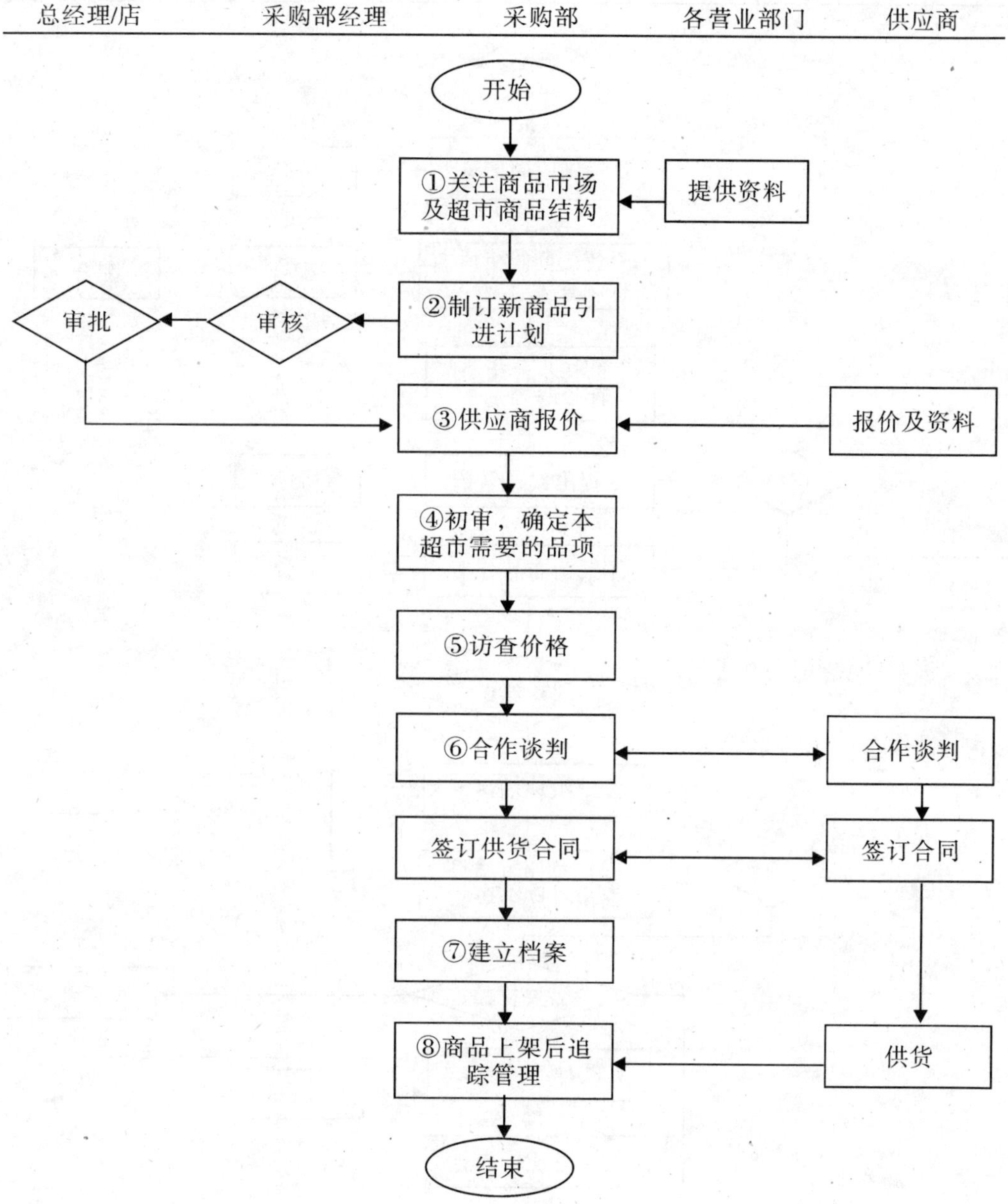

图2－10　新产品引进流程

三、供应商选择评价流程

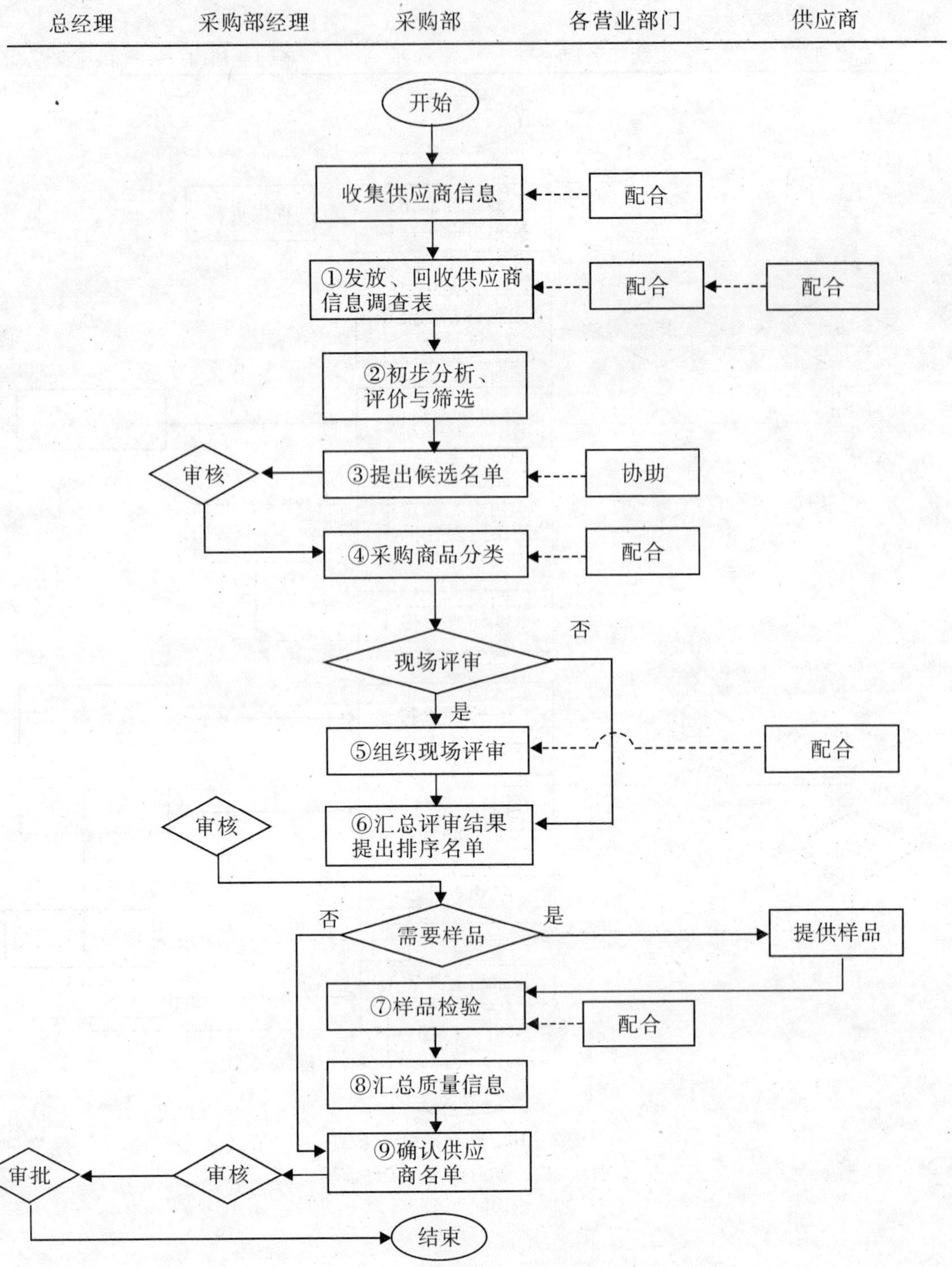

图 2－11　供应商选择评价流程

四、供应商考核工作流程

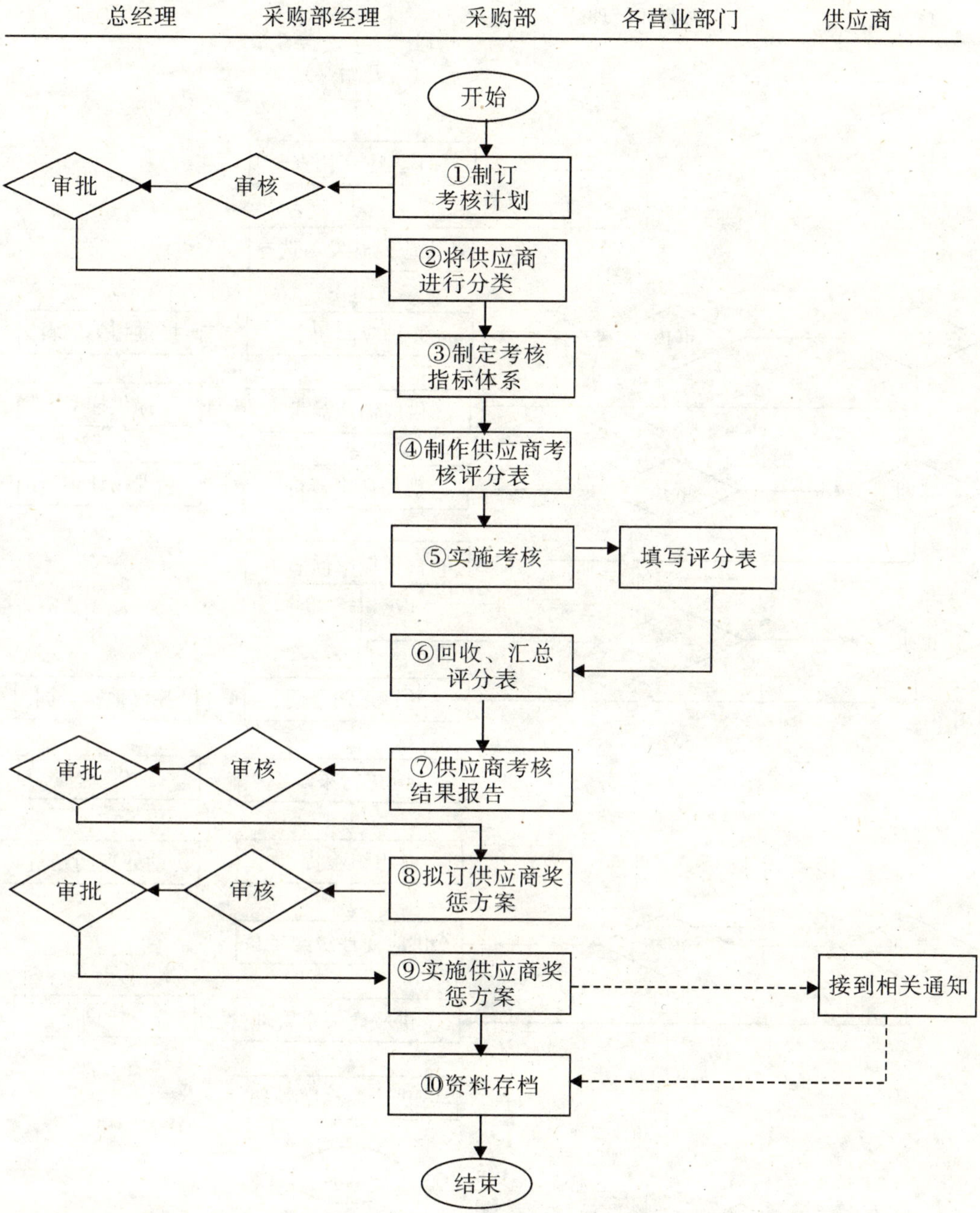

图 2－12　供应商考核工作流程

五、供应商管理工作流程

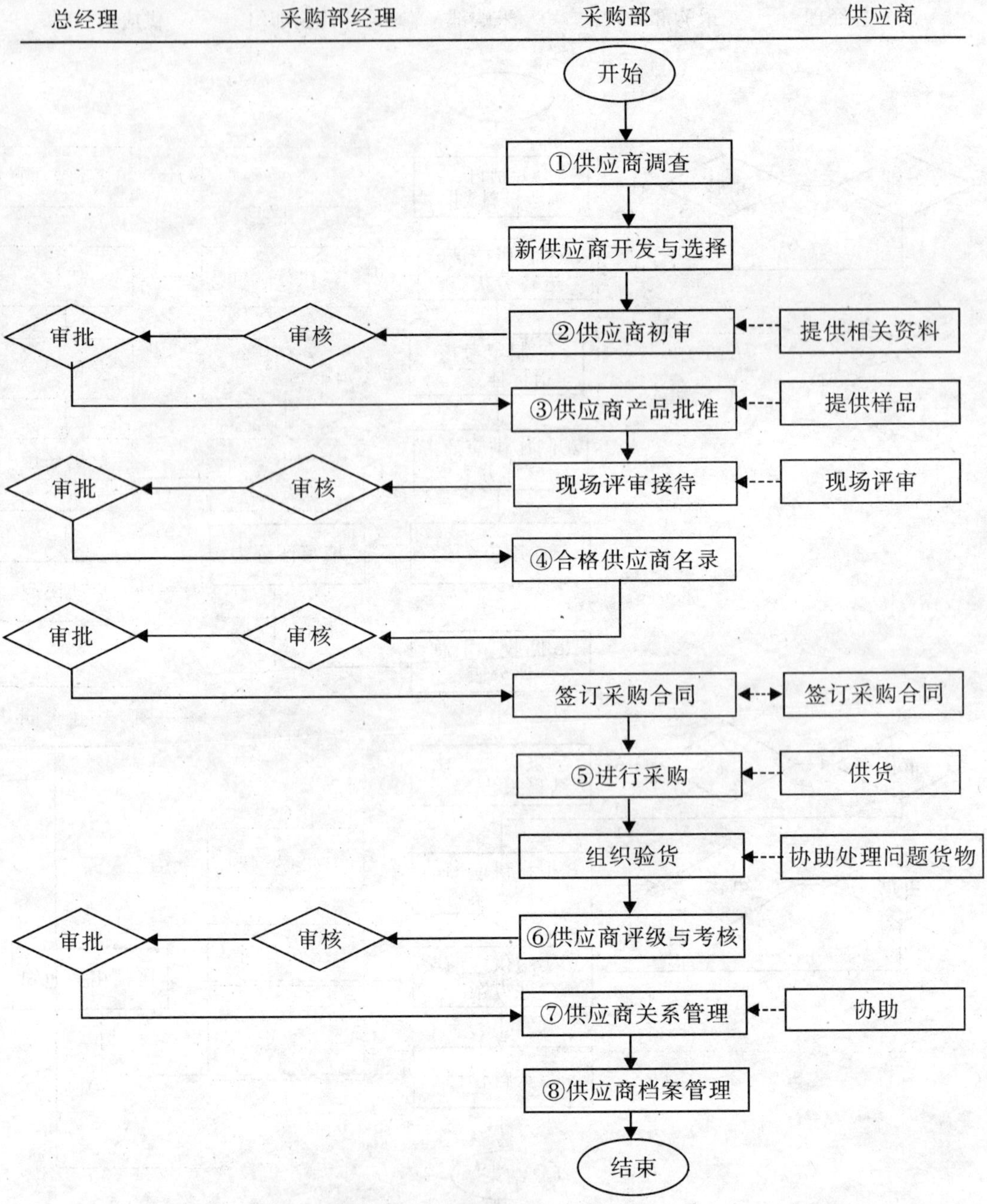

图 2－13　供应商管理工作流程

六、采购合同变更工作流程

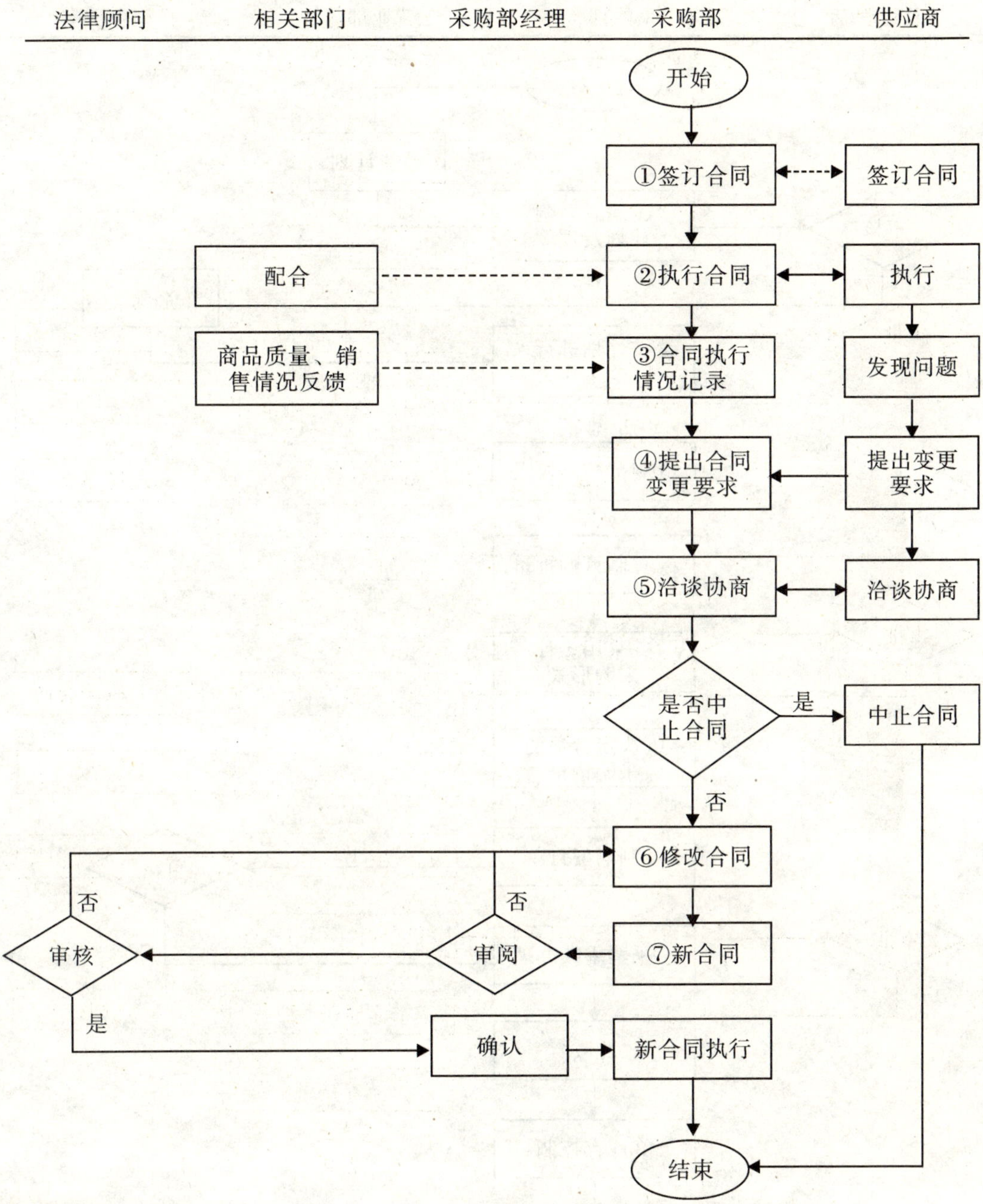

图2－14 采购合同变更工作流程

七、采购成本控制工作流程

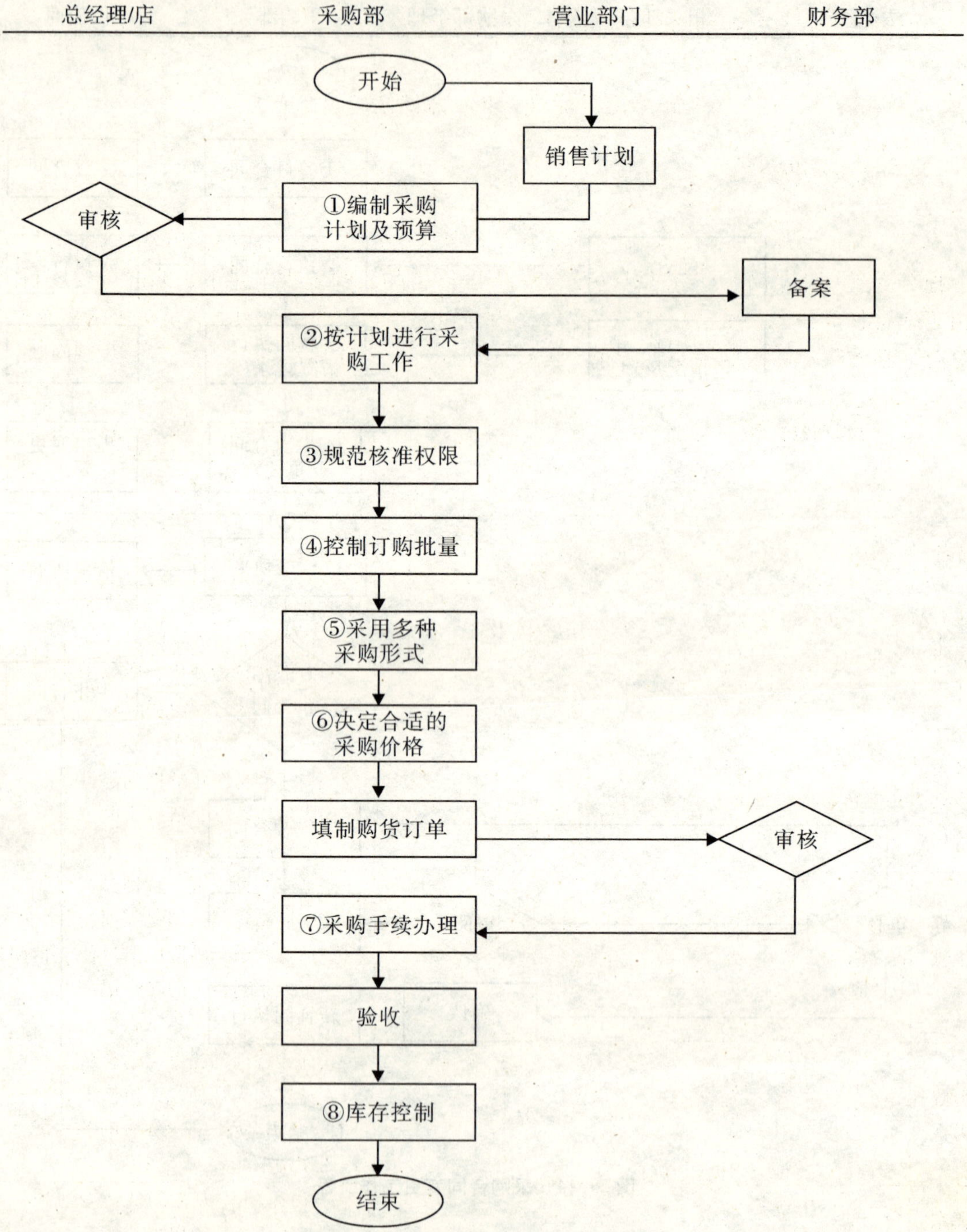

图2－15　采购成本控制工作流程

实训项目

实训题目：制作某一商品的采购清单以及陈列方案

某超市拖鞋（库号：76）采购清单及陈列方案

一、采购要求

库号：76；　品名：拖鞋；　采购金额：约5 000元；　陈列面积：50平方米

拖鞋属于日用消费品，几乎人人必备，所以拖鞋的采购成为了超市采购的重要项目之一。又由于拖鞋种类繁多，价格跨度较大，而身为大型综合超市的惠康为了满足销售的需求必须做到综合包括各类拖鞋，因此对拖鞋采购进行详细叙述是十分必要的。

二、采购清单

表2－8　▲库号：761　　品名：室外男拖鞋

品名	规格	厂家	产地	进价（元）	零售价（元）	单品说明	采购说明
绅士室外拖	35～46码	北京朝隆达新科技有限公司	江门市	56	62	由于式样比较精美，且适合15～45岁各个年龄段的男性使用，价格又较为适中，所以采购从35～46码各款的单品	付部分款
盆底沙滩拖	30～46码	广东省潮州市维达制鞋厂	潮州市	21	25	式样大众化，共有黑、灰、蓝三色，适合各个年龄段的男性使用，价格较低，所以采购三色的各个码型的单品	付部分款
叉脚沙滩拖	30～46码	广东省潮州市维达制鞋厂	潮州市	8	10	属于低档室外拖鞋，式样经久不衰，属易耗品，销量一向较大。适合各个年龄段的男性使用，所以采购各色的各个码型的单品	付部分款
恒健男拖	35～46码	广东省江门市恒健制鞋厂	江门市	4	6.5	是式样最普通的拖鞋。适合各个年龄段的男性使用，价格低廉，易耗，所以采购各色的各个码型的单品	付部分款
大东绅士鞋	35～46码	湖州市双林大东工艺鞋厂	湖州市	26	29	由于式样比较大方，且适合15～45岁各个年龄段的男性使用，价格又较为适中，所以采购从35～46码各款的单品	付部分款

（续上表）

品名	规格	厂家	产地	进价（元）	零售价（元）	单品说明	采购说明
森达皮拖	39～46码	中国森达皮鞋制造有限公司	温州市	135～360	160～450	属于中高档的皮拖鞋，皮质分为猪皮、牛皮、羊皮三类，触感柔软，耐久使用，式样美观。但是由于价格较高，购买者多为30～45岁的成功人士。因此，采购少量夏季新款39～46码的单品	签订代理，未付款
奥康皮拖	39～46码	中国奥康皮鞋制造有限公司	温州市	65～350	80～385	属于中高档的皮拖鞋，皮质分为猪皮、牛皮、羊皮三类，触感柔软，耐久使用，式样美观。但是由于价格较高，购买者多为30～45岁的成功人士。因此，采购少量夏季新款39～46码的单品	签订代理，未付款
红蜻蜓皮拖	39～46码	中国红蜻蜓皮鞋制造有限公司	潮州市	65～350	80～385	属于中高档的皮拖鞋，皮质分为猪皮、牛皮、羊皮三类，触感柔软，耐久使用，式样美观。但是由于价格较高，购买者多为30～45岁的成功人士。因此，采购少量夏季新款39～46码的单品	签订代理，未付款
老人头皮拖	39～46码	中国老人头皮鞋总代理	义乌市	180～760	215～800	属于高档的皮拖鞋，皮质分为猪皮、牛皮、羊皮三类，触感柔软，耐久使用，式样美观。但是由于价格较高，购买者多为30～45岁的成功人士。因此，采购少量夏季新款39～46码的单品	签订代理，未付款
鳄鱼牌皮拖	39～46码	中国鳄鱼牌皮鞋总代理	义乌市	180～1 060	215～1 300	属于高档的皮拖鞋，皮质分为猪皮、牛皮、羊皮三类，触感柔软，耐久使用，式样美观。但是由于价格较高，购买者多为30～45岁的成功人士。因此，采购少量夏季新款39～46码的单品	签订代理，未付款

表 2－9 ▲ 库号：762 品名：室内男拖鞋

品名	规格	厂家	产地	进价（元）	零售价（元）	单品说明	采购说明
恒健室内男拖	35～46 码	广东省江门市恒健制鞋厂	江门市	4	6.5	式样是最普通的拖鞋。适合各个年龄段的男性使用，价格低廉，易耗，所以采购各色的各个码型的单品	付部分款
EVA 一次注射发泡拖鞋	35～46 码	福建晋江宝盛鞋塑有限公司	福建晋江	2	3.5	式样是最普通的拖鞋。适合各个年龄段的男性使用，价格低廉，易耗。这四个厂家生产拖鞋的技术相同，式样不同，价格相近，所以采购各色的各个码型的单品方便顾客选择	付部分款
		福建巨星鞋业有限公司	福建晋江	1.8	3.5		
		广东金汉集团有限公司塑料制鞋厂	潮州市	1.9	3.5		
		广东省潮州市枫溪全福塑胶厂	潮州市	2	3.5		
PU 工艺拖鞋	35～46 码	福建晋江宝盛鞋塑有限公司	福建晋江	1.5	3	式样是最普通的拖鞋。适合各个年龄段的男性使用，价格低廉，易耗。这四个厂家生产的拖鞋技术相同，式样不同，价格相近，所以采购各色的各个码型的单品方便顾客选择	付部分款
		福建巨星鞋业有限公司	福建晋江	1.4	3		
		广东金汉集团有限公司塑料制鞋厂	潮州市	1.4	3		
		广东省潮州市枫溪全福塑胶厂	潮州市	1.35	3		

（续上表）

<table>
<tr><th>品名</th><th>规格</th><th>厂家</th><th>产地</th><th>进价（元）</th><th>零售价（元）</th><th>单品说明</th><th>采购说明</th></tr>
<tr><td rowspan="4">PVC拖鞋</td><td rowspan="4">35～46码</td><td>福建晋江宝盛鞋塑有限公司</td><td>福建晋江</td><td>1.3</td><td>2.8</td><td rowspan="4">式样是最普通的拖鞋。适合各个年龄段的男性使用，价格低廉，易耗。这四个厂家生产的拖鞋技术相同，式样不同，价格相近，所以采购各色的各个码型的单品方便顾客选择</td><td rowspan="4">付部分款</td></tr>
<tr><td>福建巨星鞋业有限公司</td><td>福建晋江</td><td>1.3</td><td>2.8</td></tr>
<tr><td>广东金汉集团有限公司塑料制鞋厂</td><td>潮州市</td><td>1.3</td><td>2.8</td></tr>
<tr><td>广东省潮州市枫溪全福塑胶厂</td><td>潮州市</td><td>1.35</td><td>2.8</td></tr>
<tr><td rowspan="3">室内棉拖鞋</td><td rowspan="3">35～46码</td><td>杭州杉友鞋业有限公司</td><td>杭州</td><td>3.78</td><td>6.5</td><td rowspan="3">适合秋冬季节使用。目前为夏季，可购买厂家库存积压的棉拖鞋放入仓库或少量放在货架上</td><td rowspan="3">付部分款</td></tr>
<tr><td>江都市快鹿鞋业有限公司</td><td>江都市</td><td>4.5</td><td>8.2</td></tr>
<tr><td>湖州市双林大东工艺鞋厂</td><td>湖州市</td><td>8.6</td><td>11.9</td></tr>
<tr><td rowspan="2">麻拖鞋</td><td rowspan="2">35～46码</td><td>天水市甘谷县H－M鞋业有限公司</td><td>天水市甘谷县</td><td>3.2</td><td>5.6</td><td rowspan="2">工艺新颖，非常适合夏季在室内穿，凉爽宜人。价格较低，易耗，所以可较大量地进货</td><td rowspan="2">付部分款</td></tr>
<tr><td>江都市快鹿鞋业有限公司</td><td>江都市</td><td>3.4</td><td>5.6</td></tr>
</table>

（续上表）

品名	规格	厂家	产地	进价（元）	零售价（元）	单品说明	采购说明
路路佳牌室内男拖	35～46码	路路佳鞋业有限公司	石家庄	3～45	5.5～60	属中档品牌塑料拖鞋，品牌口碑较好，质量佳，因此适量采购各色各款单品	签订代理，未付款
擦地拖鞋	35～46码	浙江东阳市永远实业有限公司	义乌市	12	18	擦地拖鞋，外观和普通拖鞋一样，但是它的底部增加了一层防滑、耐磨、吸尘力强的丝状化纤材料。穿上这种拖鞋，在房间里来回走动的同时，也将地板擦得干干净净。另外，这种拖鞋由于在底部增加了一层化纤材料，穿着更加柔软、舒适，如同在高级地毯上走路一般，感觉很好，而且清洗也很容易，放在水中即可清洗干净	签订代理，未付款

表2-10　▲库号：763　　品名：室外女拖鞋

品名	规格	厂家	产地	进价（元）	零售价（元）	单品说明	采购说明
足尖舞时尚拖鞋	28～39码	足尖舞时尚拖鞋专卖店总部	义乌市	21～47	28～55	来自韩国的时尚拖鞋品牌Toedance，中文意思是“足尖舞”，源自芭蕾舞中的一种踮着脚尖跳动的舞蹈，寓意Toedance品牌带给消费者优雅、时尚和有品位的生活方式。产品时尚优雅，符合年轻女性的消费趋势，属品牌拖鞋，年轻人消费较多，所以采购各色各款此品牌的女式室外拖鞋	签订代理，未付款

（续上表）

<table>
<tr><th colspan="2">品名</th><th>规格</th><th>厂家</th><th>产地</th><th>进价（元）</th><th>零售价（元）</th><th>单品说明</th><th>采购说明</th></tr>
<tr><td rowspan="11">工艺女拖鞋</td><td>手绘系列</td><td rowspan="11">28~39码</td><td rowspan="11">杭州也万加和工艺品有限公司</td><td rowspan="11">义乌市</td><td rowspan="11">9.8~36</td><td rowspan="11">13~48</td><td rowspan="11">优雅、时尚，有品位兼有流行性，可以满足各个年轻女性群体的要求。价格中低档，易于为人所接受。易耗，式样美观。易为大多女性所接受，所以可以采购各色各款此品牌的女式室外拖鞋</td><td rowspan="11">签订代理，付部分款</td></tr>
<tr><td>自然风情</td></tr>
<tr><td>简洁之美</td></tr>
<tr><td>经典韵味</td></tr>
<tr><td>各色樱桃拖鞋</td></tr>
<tr><td>人气版卡通拖鞋</td></tr>
<tr><td>各色麻料绣花拖鞋</td></tr>
<tr><td>机绣小鱼儿拖鞋</td></tr>
<tr><td>各色全面格纹拖鞋</td></tr>
<tr><td>时尚条纹竹底透气拖鞋</td></tr>
<tr><td>各色水晶鞋</td></tr>
<tr><td colspan="2">百丽室外女皮凉拖鞋</td><td>28~39码</td><td>中国百丽皮鞋制造有限公司</td><td>温州市</td><td>86~286</td><td>95~328</td><td>属中高档皮凉拖鞋，皮质触感良好，耐久使用，式样美观。所以采购各式夏季新款凉拖若干</td><td>订定代理，未付款</td></tr>
<tr><td colspan="2">康莉室外女皮凉拖鞋</td><td>28~39码</td><td>中国康莉皮鞋制造有限公司</td><td>义乌市</td><td>78~280</td><td>90~320</td><td>属中高档皮凉拖鞋，皮质触感良好，耐久使用，式样美观。所以采购各式夏季新款凉拖若干</td><td>签订代理，未付款</td></tr>
<tr><td colspan="2">千百度室外女皮凉拖鞋</td><td>28~39码</td><td>千百度中国专卖总部</td><td>无锡市</td><td>120~360</td><td>150~390</td><td>属中高档皮凉拖鞋，皮质触感良好，耐久使用，式样美观。所以采购各式夏季新款凉拖若干。</td><td>签订代理，未付款</td></tr>
<tr><td colspan="2">达芙妮室外女皮凉拖鞋</td><td>28~39码</td><td>中国达芙妮皮鞋制造有限公司</td><td>义乌市</td><td>90~310</td><td>115~350</td><td>属中高档皮凉拖鞋，皮质触感良好，耐久使用，式样美观。所以采购各式夏季新款凉拖若干</td><td>签订代理，未付款</td></tr>
</table>

表2-11 库号：764 品名：室内女拖鞋

品名	规格	厂家	产地	进价（元）	零售价（元）	单品说明	采购说明
PVC水晶鞋	26~39码	广东金汉集团有限公司塑料制鞋厂	潮州市	1.7~3.9	2.2~5.7	式样是最普通的拖鞋。适合各个年龄段的女性使用，价格低廉，易耗。这四个厂家均生产这四种技术的拖鞋，式样不同，价格相近，所以采购各色的各个码型的单品方便顾客选择	付部分款
TPR鞋		温岭市磊鑫鞋业有限公司	温岭市				
EVA鞋		温岭市凤凰鞋厂	温岭市				
PU工艺拖鞋		浙江省温岭市佳美鞋业有限公司	温岭市				
麻拖鞋	26~39码	天水市甘谷县H-M鞋业有限公司	天水市甘谷县	3.4	5.6	工艺新颖，非常适合夏季在室内穿，凉爽宜人。价格较低，易耗，所以可较大量地进货	签订代理，未付款
		江都市快鹿鞋业有限公司	江都市	3.2	5.6		

（续上表）

品名	规格	厂家	产地	进价（元）	零售价（元）	单品说明	采购说明
室内棉拖鞋	26～39码	杭州杉友鞋业有限公司	杭州	3.78	6.5	适合秋冬季节使用。目前为夏季，可购买厂家库存积压的棉拖鞋放入仓库或少量放在货架上	付部分款
		江都市快鹿鞋业有限公司	江都市	4.5	8.2		
		湖州市双林东大工艺鞋厂	湖州市	8.6	11.9		
路路佳牌室内女拖	26～39码	路路佳鞋业有限公司	石家庄	3～45	5.5～60	属中档品牌塑料拖鞋，品牌口碑较好，质量佳，因此适量采购各色各款单品	签订代理，未付款
擦地拖鞋	26～39码	浙江东阳市永远实业有限公司	义乌市	12	18	擦地拖鞋，外观和普通拖鞋一样，但是它的底部增加了一层防滑、耐磨、吸尘力强的丝状化纤材料。穿上这种拖鞋，在房间里来回走动的同时，也将地板擦得干干净净。另外，这种拖鞋由于在底部增加了一层化纤材料，穿着更加柔软、舒适，如同在高级地毯上走路一般，感觉很好，而且清洗也很容易，放在水中即可清洗干净	签订代理，未付款

表2－12 库号：765 品名：儿童拖鞋

<table>
<tr><th colspan="2">品名</th><th>规格</th><th>厂家</th><th>产地</th><th>进价（元）</th><th>零售价（元）</th><th>单品说明</th><th>采购说明</th></tr>
<tr><td rowspan="4">工艺童鞋</td><td>PVC水晶鞋</td><td rowspan="4">12～35码</td><td>上海金山震州鞋业有限公司</td><td>无锡</td><td rowspan="4">1.2～5.6</td><td rowspan="4">2.8～7.6</td><td rowspan="4">式样普通。色彩多样且鲜艳，适合儿童使用，价格低廉，易耗。这四个厂家生产的拖鞋技术相同，式样不同，价格相近，所以采购各色的各个码型的单品方便顾客选择</td><td rowspan="4">付部分款</td></tr>
<tr><td>TPR鞋</td><td>浙江省温岭市光明塑胶鞋厂</td><td>温岭市</td></tr>
<tr><td>EVA鞋</td><td>浙江省温岭市佳美鞋业有限公司</td><td>温岭市</td></tr>
<tr><td>PU工艺拖鞋</td><td>石狮皇宝（福建）鞋业有限公司</td><td>福建</td></tr>
<tr><td colspan="2" rowspan="2">儿童麻拖鞋</td><td rowspan="2">12～35码</td><td>天水市甘谷县H－M鞋业有限公司</td><td>天水市甘谷县</td><td>2.8</td><td>5.2</td><td rowspan="2">工艺新颖，非常适合夏季在室内穿，凉爽宜人。价格较低，易耗，所以可较大量地进货</td><td rowspan="2">付部分款</td></tr>
<tr><td>江都市快鹿鞋业有限公司</td><td>江都市</td><td>2.9</td><td>5.2</td></tr>
<tr><td colspan="2">路路佳牌童拖</td><td>12～35码</td><td>路路佳鞋业有限公司</td><td>石家庄</td><td>3～32</td><td>5.5～36</td><td>属中档品牌塑料拖鞋，品牌口碑较好，质量佳，颜色多样品种新颖，因此适量采购各色各款单品</td><td>签订代理，未付款</td></tr>
</table>

(续上表)

品名	规格	厂家	产地	进价(元)	零售价(元)	单品说明	采购说明
儿童擦地拖鞋	12~35码	浙江东阳市永远实业有限公司	义乌市	10	15	擦地拖鞋,外观和普通拖鞋一样,但是它的底部增加了一层防滑、耐磨、吸尘力强的丝状化纤材料。穿上这种拖鞋,在房间里来回走动的同时,也将地板擦得干干净净。另外,这种拖鞋由于在底部增加了一层化纤材料,穿着更加柔软、舒适,如同在高级地毯上走路一般,感觉很好,而且清洗也很容易,放在水中即可清洗干净	签订代理,未付款
长毛绒动物拖	12~35码	扬州足喜鞋厂	扬州	9.4	13.8	颜色新颖样式多,适合儿童在秋冬季节穿	付部分款

三、超市陈列图

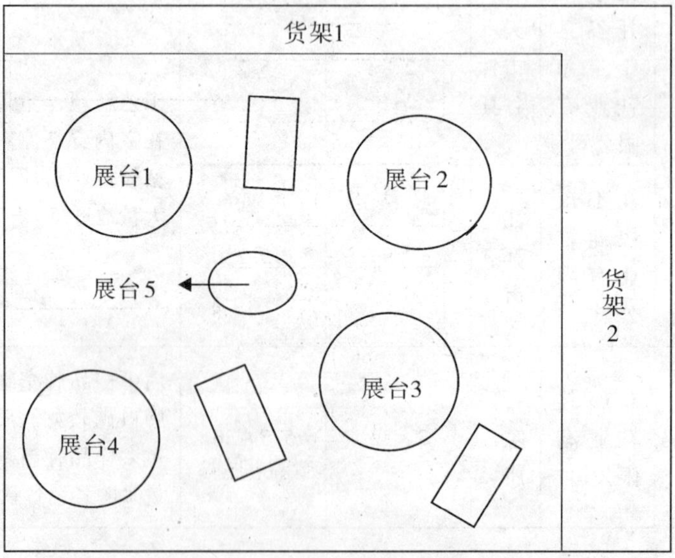

图2-16 超市陈列图

表 2-13　货架 1 陈列简表

各式棉拖鞋		
工艺女拖之手绘系列	工艺女拖之自然风情	工艺女拖之简洁之美
工艺女拖之经典韵味版卡通拖鞋	工艺女拖之各色樱桃拖鞋	工艺女拖之人气
工艺女拖之各色麻料	工艺女拖之机绣小鱼儿拖鞋尚透气拖鞋	工艺女拖之时

表 2-14　货架 2 陈列简表

工艺拖鞋（包括男式和女式）			
各式 PVC 工艺拖鞋	TPR 工艺拖鞋	EVA 工艺拖鞋	PU 工艺拖鞋
绅士室外拖	大东绅士鞋	盆底沙滩拖	叉脚沙滩拖

陈列图说明：

货架：

货架 1 是一面为墙壁，另一面为陈列架的五层高、八米长的货架；

货架 2 是一面为墙壁，另一面为陈列架的五层高、六米长的货架。

展台：

展台 1～4 为五层高的圆形中心有轴的陈列台，木材底座，五层每层用玻璃分隔。

展台 1：陈列中高档女式拖鞋：第一层：百丽；第二层：康莉；第三层：千百度；第四层：达芙妮；第五层：足尖舞。

展台 2：路路佳牌各款拖鞋。

展台 3：各款麻凉鞋。

展台 4：陈列中高档男式拖鞋：第一层：鳄鱼；第二层：老人头；第三层：森达；第四层：奥康；第五层：红蜻蜓。

展台 5 为配有专人的柜台，专门介绍新产品——擦地拖鞋。

坐椅：

供人们试穿拖鞋时坐，约为 1.5 米长、0.8 米宽的长凳。

子学习情境 4　商业企业采购绩效管理

任务描述

任务背景：某礼品公司的采购绩效管理

某礼品公司是一家专门生产贺卡和其他礼仪产品的公司。其下属机构一直各自独立运作，缺乏统一采购的功能。在公司总经理的领导下，公司制定了采购管理的远景目标和改变采购能力的规划，并深化采购管理绩效改革，开发并实施采购绩效评估。

新的采购机制注意平衡全球战略和本地实施，提高配合优秀供应商和执行战略采购合同的效率，确定聘雇的绩效类型，制定 KPI 指标等，以及通过招聘、培训和提供恰当的工具等改善采购人员的工作绩效，提高了采购部的整体绩效水平。3 年后，该公司节省了 3 200 万元的采购费用。

任务要求：假如你是该公司采购绩效主管，试问应按什么程序实施采购绩效评估？

知识准备

一、商场超市绩效考核制度

第 1 章　考核的目的

第 1 条　绩效考核的目的：提升组织运营效能、提高员工工作效率。

第 2 章　考核的范围

第 2 条　公司及下属分店。

第 3 章　定义

第 3 条　绩效——员工在一定时间和条件下，利用必要的资源为实现预定的工作目标而采取的有效工作行为和实现有效的工作成果，包括工作效果、效率和效益等。

第 4 条　绩效管理——对员工实施动态指导与管理，以促进其绩效水平的提升与公司发展目标一致的管理过程。

第 5 条　工作目标——为使工作成果达到规定要求而设定的目标。

第 6 条　关键绩效指标——决定或密切影响员工实现工作目标的关键工作层面和工作要素。

第 7 条　绩效标准——界定关键绩效指标的实现程度对工作目标的实现是否具有有效的规定尺度和衡量标准的作用。

第 4 章　职责

第 8 条　总经理

1. 制定公司战略发展格局，确定公司保持长期发展的方针、政策、策略和目标。
2. 审批公司年度或阶段性经营目标。
3. 审批分管副总经理的年度或阶段性工作目标、关键绩效指标及标准。
4. 分管副总经理的绩效评估和改进指导工作。

第 9 条　总经理办公室

1. 拟定公司年度或阶段性经营目标。
2. 拟定分管副总经理的工作目标、关键绩效指标及标准。
3. 审批各部门、分公司、分店的总体工作目标。
4. 审批各部门负责人的工作目标、关键绩效指标及标准。
5. 审批各级管理人员和重要岗位人员的绩效评估结果。

6. 分管副总经理的绩效评估和改进指导工作。

第 10 条　分管副总经理

1. 拟定分管部门的年度或阶段性总体工作目标。

2. 拟定分管部门负责人的工作目标、关键绩效指标和标准。

3. 审批各级管理岗位的工作目标、关键绩效指标和标准。

4. 审核各级管理人员和重要岗位人员的绩效评估结果。

5. 部门负责人的绩效评估和绩效改进指导工作。

第 11 条　各部门、分店负责人

1. 拟定管理岗位的年度或阶段性工作目标、关键绩效指标和标准。

2. 审批其他工作岗位的工作目标、关键绩效指标和标准。

3. 所属员工的绩效评估和改进指导工作。

第 12 条　各级管理人员

1. 拟定管理范围内各工作岗位的工作目标、关键绩效指标和标准。

2. 所属员工的绩效评估和改进指导工作。

第 13 条　员工

1. 与主管人员共同拟定所属岗位的工作目标、关键绩效指标和标准。

2. 完成设定的目标、绩效指标和标准。

第 14 条　人力资源部

1. 提供有关绩效管理体系相关内容的培训和咨询。

2. 协助制定和评估各级工作岗位的工作目标、关键绩效指标和标准。

3. 监督绩效管理过程符合规范操作要求。

4. 与公司高层就绩效管理过程的有效性和效率保持顺畅沟通。

5. 绩效管理过程形成的文件、资料和其他信息的收集、保存和管理。

6. 受理绩效投诉。

第 5 章　考核的程序

第 15 条　绩效管理原则

1. 工作目标及关键绩效指标管理原则。以各层级工作目标为绩效导向，以支持工作目标达成的关键绩效指标的实现程度为绩效评估的重要参数。

2. 实效原则。通过绩效管理过程的实施，促成实际工作成果和业绩的实效提升。

3. 关键绩效指标设定原则。关键绩效指标的设定来源于财务、顾客、内部经营和学习成长四个方面。

4. 职业规划原则。将员工绩效评估和改进提升与其职业生涯规划紧密结合起来。

5. 物质激励原则。将员工绩效水平与其工作收入部分挂钩。

第 16 条　绩效管理手册

1. 建立《绩效管理手册》的部门包括：

（1）本部各部门；

（2）本地分公司；

（3）异地分公司、分店各部门。

2.《绩效管理手册》采用活页文件夹的形式，由人力资源部统一制作和发放，各部门负责人指定专人领取、记录和管理。

3.《绩效管理手册》的内容包括但不限于：

(1) 所属部门各岗位的《岗位说明书》；

(2) 年度或阶段性的《工作目标管理责任书》；

(3)"关键绩效指标明细表"；

(4)"绩效管理日志"；

(5)"绩效面谈（指导）记录表"；

(6)"绩效信息（数据）采集表"；

(7)《绩效评估报告》。

4. 确保加入《绩效管理手册》中的任何有关信息都是经其直接上级确认和隔级上级承认的。

5. 各部门每月25日至30日将《绩效管理手册》送交人力资源部审核检查：本地分店的手册送交人力资源部审查；异地分店的手册送交行政人事部门。

第17条　绩效管理区间

1. 完整的绩效管理区间应包含以下内容和阶段：

(1) 设定工作目标；

(2) 设定关键绩效指标、标准和统计方法；

(3) 制订工作计划和进行绩效面谈；

(4) 中期改进指导；

(5) 绩效评估与面谈；

(6) 绩效评估结果输出。

2. 设定阶段性绩效管理区间一般不超过半年；设定年度绩效管理区间，应在每个季度末进行中期改进指导与修正。

第18条　设立工作目标

1. 依据公司经营发展战略，相关管理人员在各管理层面上设定年度或阶段性工作目标。部门的工作目标由部门负责人的直接上级设定；各工作岗位的工作目标由该岗位的直接上级设定。

2. 根据不同的工作内容和性质，应拟定合理和适当的工作目标。当业务状况需形成阶段性成果时，应设立阶段性工作目标；当业务状况以年度为总结区间时，应设立年度工作目标。

3. 设定年度工作目标或跨季度的阶段性工作目标时，应在每季度对工作目标的实现情况进行评估、检查与修正，以确保目标的达成。

4. 设定好的工作目标应与责任人签订《工作目标管理责任书》，经直接上级确认、隔级上级承认后，加入《绩效管理手册》。

第19条　设定关键绩效指标、标准和统计方法

1. 设定关键绩效指标和标准的原则

(1) 关键绩效指标、绩效标准、测量、统计方法和评估信息收集渠道的确定，由员工与其直接上级共同进行，员工应服从直接上级合理的设定与安排。

（2）设定的关键绩效指标和标准必须能够直接支持工作目标的实现，否则应视为无效指标标准。

（3）设定的关键绩效指标和标准必须满足 SMART 原则。

2. 关键绩效指标的设定维度

（1）财务类指标。指从财务管理的角度影响目标达成和绩效水平的指标，可列为但不限于财务类关键绩效指标的包括现金流、投资回报率、销售额、支出费用等。

（2）顾客（含内部顾客）类指标。指从顾客与关联方的角度影响目标达成和绩效水平的指标，可列为但不限于顾客类关键绩效指标的包括服务满意度、工作效率、服务人性化、市场份额等。

（3）内部经营（业务流程）类指标。指从主干业务流程的角度影响目标达成和绩效水平的指标，可列为但不限于内部经营过程类关键绩效指标的包括项目周期、项目开发等。

（4）学习与成长类指标。指从学习与成长的角度影响目标达成和绩效水平的指标，可列为但不限于学习与成长类关键绩效指标的包括培训、奖惩等。

3. 设定关键绩效指标应能够直接证实工作目标的达成，即当各项指标达标时，可以确认工作目标达成。管理岗位的关键绩效指标每一维度设定 1～3 个；其他工作岗位的关键绩效指标每一维度设定 1 个。

4. 设定关键绩效指标后，结合工作目标的可完成情况，应制定出各指标的绩效标准、测量与统计方法和评估信息的收集方。

5. 关键绩效指标、标准、测量、统计方法和评估信息收集方确定后，应填报“关键绩效指标明细表”，经员工直接上级确认和隔级上级承认后，加入《绩效管理手册》。

6. 公司制订绩效考核计划（一）来考核员工绩效中的可量化部分；制订绩效考核计划（二）考核员工绩效中的不可量化部分。各个部门和人员可采用其中符合的指标制定相应的考核表进行考核。

第 20 条　制订工作计划和进行绩效面谈

1. 每一绩效管理区间开始时，部门或工作岗位的直接上级应与部门负责人或在岗员工进行绩效面谈，确保员工了解：

（1）绩效管理区间和流程；

（2）工作目标、关键绩效指标和达标标准；

（3）目前的准备状态和可使用资源情况；

（4）达成工作目标、关键绩效指标标准必须制订的工作计划。

2. 绩效面谈应使直接上级与员工在绩效管理区间内达成工作目标和认可与接受关键绩效指标标准，如有分歧，可围绕上一级工作目标达成的可能性进行协商，协商不成的，上报隔级上级裁定，应遵守裁定结果并执行。

3. 当员工在达成工作目标、达到关键绩效指标标准方面面临困难时，直接上级应协助其制订完成工作目标的工作计划，并提供必要的帮助和指导。

4. 绩效管理面谈结果需填入绩效面谈（指导）记录表，经直接上级确认、隔级上级承认后加入《绩效管理手册》。

第21条　中期改进指导

1. 直接上级应密切关注所属部门或员工的绩效水平和工作状况，及时掌握相关信息，记入“绩效管理日志”。

2. 在绩效管理区间内，员工出现无法达成目标和关键绩效指标标准的征兆或工作表象时，直接上级应对其进行中期改进指导。无法达标的因素包括但不限于：

（1）能力不足与技能欠缺；

（2）客观情况转变，完成工作部门难度加大；

（3）个人情况变化。

3. 进行中期改进指导的时间一般为每季度末，紧急情况下可随时给予改进指导。

4. 进行中期改进指导的方法包括但不限于：

（1）直接上级面谈；

（2）隔级上级面谈；

（3）现场工作指导；

（4）修正工作计划；

（5）参加培训。

5. 中期改进指导的信息与结果应记入“绩效面谈（指导）记录表”，经该部门或工作岗位的直接上级确认和隔级上级承认后，加入《绩效管理手册》。

6. 通过改进指导仍无法达成工作目标、关键绩效指标标准的，经隔级上级批准，直接上级可与员工讨论修改工作目标、关键绩效指标标准，但应确保修改后不影响隔级工作目标的实现。

7. 工作目标、关键绩效指标标准需修改的，应重新填写《工作目标管理责任书》和“关键绩效指标明细表”，报经直接上级确认、隔级上级承认。

第22条　绩效评估与面谈

1. 绩效管理区间终了时，直接上级对员工的绩效状况进行评估，评估包括但不限于下列内容：

（1）工作按计划完成的进度和效果；

（2）设定的各项关键绩效指标的达标情况；

（3）设定的工作目标的达成情况；

（4）其他能够反映绩效水平高低的信息。

2. 绩效评估信息的收集、整理与分析

（1）绩效评估信息从“关键绩效指标明细表”上规定的信息提供方处收集，绩效评估信息应经信息提供方的部门负责人签署确认，认可其有效性。

（2）直接上级对收集到的信息进行整理与分析，必要时向人力资源部寻求协助，确定在绩效管理区间内该员工的工作目标、指标标准达成状况。

3. 绩效评估等级

（1）优秀——指达成制定的工作目标，达到且超过制定的关键绩效指标标准。

（2）合格——指达成制定的工作目标，达到制定的关键绩效指标标准。

（3）有待改进——指未达成制定的工作目标，个别未达到制定的关键绩效指标标准，通过努力和指导可以达成。

（4）不合格——指未达成制定的工作目标，全部或多数未达到制定的关键绩效指标标准，判断其无法完成。

4. 经对绩效信息进行分析后，直接上级形成绩效评估报告，报经员工隔级上级和人力资源部（分店行政人事部门）审核与备案。

5. 绩效面谈

（1）绩效评估结果形成并经隔级上级和人力资源部（行政人事部门）审核后，直接上级应尽快安排与员工进行绩效面谈，绩效面谈包括但不限于：

①工作目标和关键绩效指标的达标评估结果；

②绩效管理区间内的工作表现优点；

③绩效管理区间内的工作表现不足；

④工作改进方法、途径和计划。

（2）员工对绩效评估结果有异议的，可向隔级上级或人力资源部（行政人事部门）申诉，获得答复为最终回复。

（3）绩效面谈的信息与结果记入“绩效面谈（指导）记录表”，经直接上级确认和隔级上级承认后，加入《绩效管理手册》。

第23条　绩效评估结果输出

1. 奖惩输出

（1）绩效评估等级评定为优秀的，依据员工基本工资标准，给予0.1～0.3的奖励系数，即奖金＝绩效管理区间内员工的月基本工资总额×奖励系数。

（2）绩效评估等级评定为合格的，全额发放工资总额。

（3）绩效评估等级评定为有待改进的，依据员工基本工资标准，减发0.1系数的工资。即减发金＝绩效管理区间内员工的月基本工资总额×减发系数。

（4）绩效评估等级评定为不合格的，如预计在下一绩效管理区间内可以改善，则依据员工基本工资标准，减发0.2～0.3系数的工资；如预计不可改善或绩效水平过低的，给予调整岗位或辞退处理。

2. 规划输出

用于编制下一绩效管理区间工作目标、关键绩效指标、标准和工作计划时参照使用。

第24条　其他规则

1. 绩效管理区间的间隔时间最多不超过两周，逾期而未形成的，由员工隔级上级向公司人力资源部做出详细解释，无合理理由的，将对隔级上级按二级处罚执行罚款并限令形成。

2. 绩效管理区间内，出现下列情况的，将对责任方直接上级处以月工资总额20%的罚款，不能改善或情节严重的，给予调整岗位或辞退处理：

（1）关键绩效指标的设定不能促成工作目标达成的，员工直接上级不能向公司人力资源部作出合理、详细解释的；

（2）绩效评估信息收集方不能提供准确信息的，直接上级不能向公司人力资源部作出合理、详细解释的；

（3）员工在绩效管理区间内发生严重工作失误或造成严重工作事故的。

第25条　记录

1.《工作目标管理责任书》、"关键绩效指标明细表"、"绩效管理日志"、"绩效面谈（指导）记录表"、"绩效信息（数据）采集表"由各部门、分店保留三年。

2.《绩效评估报告》一式两联，分别由各部门、分店和人力资源部保留三年。

二、采购部关键绩效考核指标

表2－15　采购部关键绩效考核指标

序号	KPI指标	考核周期	指标定义/公式	资料来源
1	采购计划达成率	月/季/年度	$\frac{\text{实际采购金额或数量}}{\text{计划采购金额或数量}}\times 100\%$	采购部
2	新商品引进率	月/季/年度	$\frac{\text{考核期内引进新商品数量}}{\text{期末商品总数量}}\times 100\%$	
3	采购及时率	月度	考核期内采购及时率达到100%	采购部
4	采购成本的降低	年度	计划采购成本－实际采购成本	财务部
5	采购质量合格率	月/季/年度	$\frac{\text{采购合格商品的次数或数量}}{\text{全部采购商品的次数或数量}}\times 100\%$	营运部
6	毛利率	年度	$\frac{\text{毛利}}{\text{营业额}}\times 100\%$	财务部
7	商品回转天数	年度	1. $\text{商品回转天数}=\frac{365}{\text{年周转次数}}$ 2. $\text{年周转次数}=\frac{\text{年销售额}}{\text{期初库存}+\text{期末库存}}$	采购部
8	商品周转率	月/季/年度	1. $\text{商品周转率}=\frac{\text{平均销售额}}{\text{平均存货额}}\times 100\%$ 2. $\text{平均存货额}=\frac{\text{期初存货额}+\text{期末存货额}}{2}$	采购部
9	应付账款周转期间	月度	$\frac{\text{应付账款}+\text{应付票据}}{\text{进货净额}}\times 360$	采购部
10	存货水平	月度	前置时间的销售量＋安全存货量＋基础存货量	采购部
11	安全存量	月度	日均销量×紧急补货所需的时间	采购部

任务实施

案例分析

案例中，该礼品公司通过采购职能整合、开发和实施采购绩效评估等措施，节省了大量的采购费用。借鉴该公司的采购绩效评估经验，具体实施采购绩效评估时，可参照以下步骤进行：

（1）确定需要评估的绩效类型。

（2）设定具体评估指标。

（3）建立绩效评估标准。

（4）选定评估人员。

（5）确定评估时间和评估频率。

（6）实施评估并将结果反馈。

（7）通过各种方式培训采购人员。

实训项目

实训题目：制定商业企业采购部绩效管理制度

小张是永辉超市股份有限公司重庆分公司采购部经理，现在分公司采购部已经顺利组建并开展工作，为了对前期采购部和采购人员的工作绩效进行考核，现在需要制定一份采购部绩效管理制度。请你帮助小张拟定一份采购部绩效管理制度。

某商业企业采购部绩效管理制度（样例）

一、实施目的

1. 确保采购目标的实现
2. 作为提供改进绩效的依据
3. 作为个人及部门奖励的参考
4. 协助人员的甄选与训练
5. 改善部门关系
6. 提高采购人员的士气

二、实施部门：采购部

三、实施对象：采购部全体成员

四、实施细则

采购部绩效管理分为人员绩效考核和部门绩效考核两个部分：

（一）采购部人员绩效考核

1. 定量考核指标

（1）价格成本指标：平均单价达成率，平均付款周期达成率。

（2）质量交付指标：来料检验合格率，交货数量准确率，物料准时交货率。

（3）效率指标：工作量完成率，供应商开发达成率。

2. 定性考核指标

（1）工作速度/工作效率/工作正确度/工作出色度

（2）服从性/协作性/积极性

（3）责任心/知识水平/承受力

3. 人员绩效分布图

表 2－16　人员绩效分布图

序号	项目	子项目	目标值	权重设置	计算公式	支持数据
1	价格成本指标	1.1 平均单价达成率	100%	15 分	当月采购单价平均值/市场定位价格的平均值	价格信息表
		1.2 平均付款周期达成率	100%	15 分	上月付款周期平均值与本月付款周期平均值差异额	应付货款明细
2	质量交付指标	2.1 来料检验合格率	98%	15 分	当月来料检验合格批数/来料总批数	来料检验汇总表
		2.2 交货数量准确率	100%	15 分	当月 PO 总量/来料总量	PO 订单统计表/仓库来料明细表
		2.3 物料准时交货率	95%	15 分	当月准时交货批次/总批次	物料跟踪表
3	效率指标	3.1 工作量完成率	100%	20 分	已出订单/已接申购数量	物料追踪表
		3.2 供应商开发达成率	100%	15 分	供应商信息一览表	已开发数量/目标值

4. 人员绩效考核表

表 2－17　采购部人员绩效考核表

部门	职位	姓名	考核日期

（1）定量考核表（100分）。

表2-18　定量考核表

序号	项目	子项目		目标值	实际值	权重	得分	考评人
1	价格成本指标	1.1	平均单价达成率	100.00%		15		
		1.2	平均付款周期达成率	100.00%		15		
2	质量交付指标	2.1	来料检验合格率	98.00%		15		
		2.2	交货数量准确率	100.00%		15		
		2.3	物料准时交货率	95.00%		15		
3	效率指标	3.1	工作量完成率	100.00%		20		
		3.2	供应商开发达成率	100.00%		15		

TAL:

备注：①得分=（实际值/目标值）*权重。

②如实际值>目标值，则得分为满分。

（2）定性考核表（100分）。

表2-19　定性考核表

序号	评定要素	定义	分值标准	得分	考评人
1	工作速度	是否处理事务，有无等待窝工，能否完成标准和工作量	1分~5分		
2	工作效率	工作是否麻利，有无浪费	1分~5分		
3	工作正确度	工作是否正确无误，有无事故损害	1分~5分		
4	工作出色度	工作内在质量是否出色	1分~5分		
5	服从性	是否遵守公司纪律，是否服从上级工作安排	1分~5分		
6	协作性	是否能帮助上级同事完成工作，是否与同事和睦共事	1分~5分		
7	积极性	是否有增加工作量、提高工作质量的愿望	1分~5分		
		是否有改进和改善工作的热情			
8	责任心	是否能善始善终地完成本职工作	1分~5分		
		遇到工作失误时，是否推卸责任			
9	知识水平	是否具备完成本职工作的知识和技能	1分~5分		
10	承受力	是否具备完成本职工作的承受力	1分~5分		
			TAL:		

（3）得分计算。

①定量考核总分*70%=

②定性考核总分*30%=

③考评分值：①+②=

（4）级别判定。

依据部门绩效管理制度，本月份考评为：

5. 说明

（1）关于定量考核表的实际值计算详见“定量指标统计表”。

（2）关于定性考核表，由部门经理进行评定。

（二）部门绩效考核

此部门绩效考核与采购人员绩效考核衔接，同时依此考核部门领导。

1. 考核指标

（1）价格成本指标：平均单价达成率，平均付款周期达成率。

（2）质量交付指标：来料检验合格率，交货数量准确率，物料准时交货率。

（3）管理控制指标：人员流失率，培训目标达成率，部门计划达成率。

2. 部门绩效分布表

表2-20　部分绩效分布表

序号	项目	子项目	目标值	权重设置	计算公式	支持数据
1	价格成本指标	1.1 平均单价达成率	100%	15分	当月采购单价平均值/市场定位价格的平均值	价格信息表
		1.2 平均付款周期达成率	100%	15分	上月付款周期平均值与本月付款周期平均值差异额	应付货款明细
2	质量交付指标	2.1 来料检验合格率	98%	15分	当月来料检验合格批数/来料总批数	来料检验汇总表
		2.2 交货数量准确率	100%	15分	当月PO总量/来料总量	PO订单统计表/仓库来料明细表
		2.3 物料准时交货率	95%	15分	当月准时交货批次/总批次	物料跟踪表
3	管理控制指标	3.1 培训目标达成率	100%	5分	实施项目/计划内项目	年度培训计划
		3.2 部门计划达成率	100%	15分	实施完成值/计划值	周计划及周例会

3. 部门绩效考核详见部门绩效管制图

4. 绩效考核基准

（1）计算公式：（实际值/目标值）*权重

（2）等级划分：

表 2-21 等级划分

等级	优秀	良好	一般	差	很差
分值	85 分以上	70~84 分	60~69 分	50~59 分	50 分以下

五、激励奖罚

（1）部门绩效每季度考核一次，由总经办监督执行。

优秀——奖励部门 1 万元。

良好——给予部门书面奖励，并纳入年度优秀部门考核。

一般——不作相应奖罚。

差——相关责任人提交书面整改报告，不列入年度评选。

很差——罚部门相关领导每个月工资的 10%，直至下个季度的考核。

（2）人员绩效每月考核一次，由采购经理执行，总经办监督。

个人与公司各拿出工资的 10% 作为浮动金额。

优秀——奖励个人工资的 10% + 公司的 10%，推荐为年度优秀员工入围名单。

良好——奖励个人工资的 10% + 公司的 5%。

一般——奖励个人工资的 10%，不减不扣。

差——扣除个人工资的 5%，递交书面报告。

较差——扣除个人工资的 10%，连续三个月者，提交辞退。

六、实施时间

2012 年 3 月

核准： 审核： 制定者：李冰

2012 年 2 月 18 日

学习情境三　技术采购作业

【学习目标】

知识目标	1. 了解技术采购概念以及技术采购分类； 2. 了解技术采购流程； 3. 熟悉技术采购（引进）管理制度的基本内容； 4. 熟悉技术转让合同的基本内容。
技能目标	1. 能够制定技术采购（引进）管理制度； 2. 能够拟定技术转让合同。
职业能力目标	1. 具有市场需求调查、分析能力； 2. 具有制定技术采购（引进）管理制度、合同的能力； 3. 具有良好的沟通、协作和组织能力。

子学习情境1　技术采购认知

任务　技术采购认知

任务描述

任务背景：某IT公司智能化检索技术采购

A方，某IT公司；B方，某大学信息工程学院；C方，另一家IT公司。

A方在开发数字图书馆系统时遇到一个很大的难题：随着数字图书馆容量的不断扩大，全文检索速度明显变慢。当容量加大到一定值时，检索速度令用户无法忍受。为解决这一难题，A 方委托 B 方为其研究一种可显著提高数字图书馆全文检索速度的智能化检索技术，双方签订委托研究合同，规定了研究时限、经费和详细的技术指标，但并未明确约定技术成果的归属问题。

B 方在合同规定的时间内完成了该项研究工作，A 方将其研究成果应用于所开发的数字图书馆系统。经检测，各项技术指标均符合合同要求。A 方按规定向 B 方支付了全部研究经费。

事后，B 方在未告知 A 方的情况下，为该项智能化检索技术申请了发明专利，并获得国家有关部门的批准。A 方认为，双方在委托研究合同中虽未明确约定该项技术的专利申请权的归属问题，但 B 方的该项研究是受 A 方委托的，全部研究经费也由 A 方提供，其研究成果应归双方共同所有，B 方无权单方为该项智能化检索技术申请发明专利。B 方则认为，虽然研究经费由 A 方提供，但自己作为该项技术的研究发明人，有权独立申请发明专利。C 方也在从事数字图书馆系统的开发工作，同样被检索速度问题所困扰，得知 B 方拥有一项智能化检索技术的发明专利后，向 B 方提出购买该项专利权。

B 方将此事通报 A 方，指出 A 方享有以同等条件优先受让的权利。A 方认为，自己作为研究委托人，无须再购买该项智能化检索技术的专利权，B 方也无权将该项专利权转让给 C 方。C 方则认为，自己受让该项专利权之后，A 方将不能继续实施该项专利。

任务要求：

问题 1：请用 150 字以内的文字分析，B 方是否有权单独为该项智能化检索技术申请发明专利？

问题 2：请用 150 字以内的文字说明，B 方是否有权将该项智能化检索技术的专利权转让给 C 方？在 C 方受让该项专利权之后，A 方能否继续实施该项专利？

问题 3：请用 300 字以内的文字说明，A 方应从该事件中吸取哪些教训？

知识准备

一、技术采购

技术采购一般包括专利、商标、版权和专业技术诀窍的获取。其主要特点是大多数采用许可贸易的方式进行，往往是使用权而不是所有权的转让。

二、技术采购分类

技术采购包括技术转让、技术咨询、技术服务、委托开发和合作开发等多种形式。技术转让包括专利权转让、专利申请权转让、技术秘密转让和专利实施许可等。技术咨询包括就特定技术项目提供可行性论证、技术预测、专题技术调查、分析评价报告等。技术服务是指当事人一方以技术知识为另一方解决特定技术问题。本案例主要涉及委托开发与合作开发。

委托开发的委托人应当按照约定支付研究开发经费和报酬，提供技术资料、原始数据，完成协作事项，接受研究开发成果。委托开发的研究开发人应当按照约定制订和实施研究开发计划，合理使用研究开发经费，按期完成研究开发工作，交付研究开发成果，提供有关的技术资料和必要的技术指导，帮助委托人掌握研究开发成果。委托人违反约定造成研究开发工作停滞、延误或者失败的，应当承担违约责任。研究开发人违反约定造成研究开发工作停滞、延误或者失败的，应当承担违约责任。

合作开发的当事人应当按照约定进行投资（包括以技术进行投资），分工参与研究开发工作，协作配合研究开发工作。合作开发的当事人违反约定造成研究开发工作停滞、延误或者失败的，应当承担违约责任。

委托开发和合作开发的技术成果归属问题有很大不同。

《中华人民共和国合同法》规定，委托开发完成的发明创造，除当事人另有约定的以外，申请专利的权利属于研究开发人。研究开发人取得专利权的，委托人可以免费实施该专利。研究开发人转让专利申请权的，委托人享有以同等条件优先受让的权利。

任务实施

一、问题 1、2 分析

本案例中，A 方委托 B 方研究该项智能化检索技术，双方在委托研究合同中并未明确约定技术成果的归属问题，B 方作为研究人有权单独为该项技术申请发明专利。在研究委托人放弃以同等条件优先受让的权利之后，B 方作为专利权人有权将该项智能化检索技术的专利权转让给 C 方，但 A 方作为研究委托人，仍有权继续免费实施该项专利。

二、问题 3 分析

《中华人民共和国合同法》规定，合作开发完成的发明创造，除当事人另有约定的以外，申请专利的权利属于合作开发的当事人共有。当事人一方转让其共有的专利申请权的，其他各方享有以同等条件优先受让的权利。合作开发的当事人一方声明放弃其共有的专利申请权的，可以由另一方单独申请或者由其他各方共同申请。申请人取得专利权的，放弃专利申请权的一方可以免费实施该专利。合作开发的当事人一方不同意申请专利的，另一方或者其他各方不得申请专利。

可以看出，如果 A、B 双方当初采用的是合作开发模式，B 方就无权单独为该项智能化检索技术申请发明专利，也无权将此专利转让给 C 方。这是 A 方作为研究委托人和投资人应该吸取的第一个教训。

无论是委托开发还是合作开发，当事人均应签订详细的技术合同。技术合同的内容由当事人约定，但一般应包括以下条款：

（1）项目名称；

（2）标的的内容、范围和要求；

（3）履行的计划、进度、期限、地点、地域和方式；

（4）技术情报和资料的保密；
（5）风险责任的承担；
（6）技术成果的归属和收益的分成办法；
（7）验收标准和方法；
（8）价款、报酬或者使用费及其支付方式；
（9）违约金或者损失赔偿的计算方法；
（10）解决争议的方法；
（11）名词和术语的解释。

与履行合同有关的技术背景资料、可行性论证和技术评价报告、项目任务书和计划书、技术标准、技术规范、原始设计和工艺文件，以及其他技术文档，按照当事人的约定可以作为合同的组成部分。

技术合同涉及专利的，应当注明发明创造的名称、专利申请人和专利权人、申请日期、申请号、专利号，以及专利权的有效期限。

技术合同价款、报酬或者使用费的支付方式由当事人约定，可以采取一次总算、一次总付或者一次总算、分期支付，也可以采取提成支付或者提成支付附加预付入门费的方式。

约定提成支付的，可以按照产品价格、实施专利和使用技术秘密后新增的产值、利润或者产品销售额的一定比例提成，也可以按照约定的其他方式计算。

提成支付的比例可以采取固定比例、逐年递增比例或者逐年递减比例。约定提成支付的，当事人应当在合同中约定查阅有关会计账目的办法。

本案例中，A、B 双方在委托研究合同中虽然规定了研究时限、经费和详细的技术指标，但并未明确约定该项技术的专利申请权的归属问题。这是 A 方作为研究委托人和投资人应该吸取的另一个教训。

实训项目

实训题目：通过网络查找各国国际技术贸易政策，思考国际技术贸易政策有哪些作用。

子学习情境2　技术采购作业实施

任务一　技术采购作业流程

任务描述

任务要求：小李是某公司技术部门的负责人，为规范公司的技术采购行为，公司经理要求小李制定一份技术采购（引进）管理制度。

知识准备

一、技术采购流程

技术采购分为前期准备、引进谈判、合同签约、合同履行四个阶段。

（一）前期准备

技术采购方可行性研究

第一阶段：投资机会论证（Opportunity Studies）

第二阶段：初步可行性研究（Pre-feasibility Studies）

第三阶段：可行性研究（Feasibility Studies）

第四阶段：评价决策（Evaluation Decision）

第五阶段：送交审批（Submitted to the examination and approval）

（二）引进谈判

1. 技术采购方商业谈判前的准备

（1）选择贸易对象；

（2）组织谈判团；

（3）准备资料；

（4）拟订谈判方案；

（5）其他准备工作。

2. 技术贸易的对外询价

（1）询价的概念。

询价是指采购方（受方）在引进技术的范围已经确定的基础上，向技术供方询问技术的价格，即要求供方对技术项目进行报价。

（2）询价书的内容。

受方在询价时需要向供方提出询价书，询价书应详细列出询价的项目，它主要包括技术和商务两方面的内容。

技术方面主要说明技术的具体内容，包括对技术要求的详细说明，如软件技术和硬件设备的细目、生产规模大小、工艺达到的水平、产品的规格、防污染要求、项目实施现场条件等。

商务方面主要说明技术转让的方式、使用货币、支付办法、价格分项要求、报价的份数及使用文字等。

询价书中各项目条件要明确具体，不应有差错，以便供方根据受方的具体要求进行报价。如果询价书中所列的条件、要求或数据不正确，会给双方带来损失。

3. 技术贸易的比价

（1）比价的概念；

（2）常见的比价方法。

（三）合同签约

一项技术交易，一般需要经过多次洽谈，最后双方对洽商的内容取得一致，才能完成交易，签订合同。合同的签订标志着技术贸易谈判的结束。

合同在签订前，需要拟出合同草案，以便供受双方进行详细的商讨。合同草案的拟订有两种方式。一种是由交易的一方根据谈判的结果拟出一份合同草案，再由另一方对合同草案逐条分析研究，以便在洽商时提出修改意见和建议，由于双方事先都作了充分准备，有利于加速洽商的进程。另一种方式是由双方各自拟订一份合同草案。通过交换，每一方对对方所提供的草案进行研究，在此基础上再进行充分的洽商。

采购方在引进技术时，尽可能在谈判前准备好一份合同文本，作为谈判的基础，同时也应在谈判前要求技术供方提供一份合同草案（包括中译文本）。通过研究，吸收其合理的条款内容。这样，双方以合同草案为基础，逐条逐款、逐字逐句进行推敲，直至合同正文、附件均取得一致，再进行签约和办理审批手续。

（四）合同履行

采购方在合同的执行过程中应做好以下四个方面的工作：

1．技术资料和设备的验收工作

技术供方向受方提供合同规定的技术资料和有关设备，是供方履行技术许可合同的第一步，也是十分重要的一步。供方能否按照合同的规定提供正确无误的技术资料和符合质量要求的设备，受方要承担一定的风险。受方收到资料后，应认真核对和清点，如发现资料短缺、不清晰或不符合合同规定，应迅速通知供方补齐或更换。对于设备，受方应按合同规定的质量标准进行检验，对不合格的设备，应要求供方按合同规定的办法处理。

供方如未能按合同规定的时间提供技术资料或设备，应受到因迟交而罚款的处理，罚款的多少，根据迟交造成的损失而定，在合同中均应明确规定。

2．支付使用费

受方应按合同规定及时向供方支付使用费。受方能否履行合同规定的支付义务，供方要承担较大的风险。如果受方能在审查供方各种单证的基础上，及时支付使用费，就可以解除供方的后顾之忧，促进供方认真履行合同义务。

供方的单证是否完整、正确、有效，是支付费用的必要条件。如果支付形式是总付或支付入门费，应着重审查供方银行开立的保函、出口许可证或不需要出口许可证的证明文件；如果支付形式是按期支付提成费，应按期由双方审核账目，及时计算出提成费的金额，并审查供方提供的发票、汇票等各种单据是否符合合同规定。

3．技术培训和技术服务

受方按合同规定选派专业人员去供方工厂接受技术培训，这是引进技术的一项重要内容，它是消化吸收技术资料，掌握实际操作技能和获得实践经验的有效途径。因为许多技能和经验在技术资料中是反映不出来的。受方应按时选派专业对口、业务能力强的人员，并注意供方是否按合同规定提供实习场所和实习条件，实习的项目是否齐全，若发现供方提供的技术培训条件不符合合同规定，受方应及时向供方提出，要求尽快纠正或作出处理。

4. 合同产品的考核验收

对合同产品进行考核验收是执行许可合同的最后一个重要环节。合同产品是否符合合同规定的质量标准是技术引进是否成功的一个主要标志。因此，为了确保合同产品的质量，受方必须严格按合同规定的标准，对产品进行考核验收。对于不符合合同规定标准的产品，不能验收。

如果合同产品考核结果不合格，双方应共同分析原因，由供方采取改进措施，经再次考核达到合同要求后，才能验收。如经多次考核仍不合格，无法达到合同规定的指标时，应分清供、受方责任，按合同保证、索赔条款处理。

二、国际技术采购（贸易）与国际贸易的异同

国际技术采购与国际贸易的异同

	国际技术贸易	国际商品贸易
交易标的	技术知识	货物
标的转移后所有权的归属	受方付款后，标的所有权仍在供方，转让的是技术使用权、制造权和销售权，供方可继续使用标的和向第三方转让	受方付款后，供方失去标的所有权
交易方式	以许可贸易、技术咨询、工程承包、合作生产等方式进行，常与国际投资相结合	以磋商成交为主，还有拍卖、招标、代理、包销、寄售、展卖等多种形式
交易价格	主要根据技术的经济效益确定价格为技术转让的直接费用。部分技术研制费用分摊和其他因素也会影响价格	以价格为基础，考虑其他因素，价格＝成本＋其他费用＋利润
交易履行	供方除要求提供技术资料外，还要进行技术培训，提供新改进技术等，受方按合同要求付款，并承担保密义务	卖方按照合同要求交货，买方按时付款，合同履行即完毕
当事人关系	当事人双方不仅是买卖关系，通常供方和受方之间是一种长期合作关系，当事人一般是同行	当事人双方是买卖关系，可在不同行业之间进行交易

任务实施

某股份有限公司技术引进（采购）管理办法

为加强国际交流、国际合作，更好地借鉴和学习国际先进科技经验，增强公司高新技术研发和生产能力，为最终把公司发展成为国际化的一流的高新技术企业，必须有选择地引进国外先进适用的技术。为了做好这项工作，特制定本办法。

第一条　主题内容与适用范围

一、技术引进管理办法，是根据国家和有关部门对技术引进工作的要求，结合本公司实际情况所制定的管理标准。

二、本办法只适用于技术引进项目的管理。

第二条　术语

一、技术引进：指通过贸易或经济技术合作的途径，从境外的公司、企业、团体或个人（以下简称供方）获得技术，其中包括：

1. 专利权或其他的工业产权的转让或许可；

2. 以图纸、技术资料、技术规范等形式提出的工艺流程、配方、产品设计、质量控制以及管理等方面的专有技术；

3. 技术服务；

4. 为了实现上述技术所匹配的手段，如提供的生产线、成套设备或其他产品、测试仪器、专用设备等；

5. 利用外国政府贷款、国际金融组织贷款、中外合资经营等，有引进外国技术内容的项目。

二、技术引进项目：经上级批准立项的以技术引进为核心内容的技术改造或基本建设项目（以下简称项目）。

三、技术引进工程：按照项目设计开展的土建、设备安装以及各种配套工程、辅助设施等施工内容的总称。

四、技术引进合同：以技术引进为内容签订的涉外经济合同（以下简称合同）。

第三条　主管单位及领导

一、本标准归口单位是技术引进部门。

二、归口单位在公司总裁或主管副总裁领导下，履行职责。

第四条　管理机构

一、根据项目规模，可组织相应的职能机构，作为技术引进工作的专职管理部门（以下简称专职部门）。

二、专职部门主要负责合同签约前的各项工作和签约后的对外联系。

三、与技术引进工程有关的国内工作，由公司各职能部门负责。

四、进口物资引进后逐步移交给各职能部门按公司内的规定管理。

第五条　前期工作

一、根据公司的产品发展规划，确定需要引进的新产品、新技术的内容。

二、通过深入的调查研究，充分掌握需要引进的新产品、新技术的国内外发展状况。

三、确定项目投资规模，落实外汇和内汇的资金来源。

四、按程序向国家有关主管部门提出立项申请。

五、在与供方技术交流和初步询价的基础上，选择二至三个供方作为对象，进行深入了解，必要时可以组织相关人员有针对性地出国考察。

六、认真编制可行性研究报告，组织公司内外相关的项目专家，对可行性研究报告进行评审，出具评审报告。评审通过后，报送相应的主管部门审批。

七、根据国家的有关规定，选择相应的进口代理公司。

八、编制进口设备、仪表、散件等物资的分交方案，报送国家有关部门批准。

九、根据已批准的可行性研究报告和相关主管部门颁发的项目设计任务书，进行初步设计（包括土建、工艺设计等），并按规定报批。

第六条　合同签约

一、通过充分的技术交流和价格、供给条件等方面的讨论，筛选出一个对我方最为有利的供方作为签约的对象。

二、与进口代理公司共同提出合同及其附件的草稿，作为谈判的基础。

三、对外谈判在统一组织下进行，每次谈判前应认真作好预案，指定主谈人员。谈判后应及时研究，并为下一次谈判作好准备。

四、合同内容必须符合经贸部颁发的《中华人民共和国技术合同管理条例》和“实施细则”中的有关规定。

五、与技术引进相匹配的进口的设备、仪表、工具等也应在充分了解性能、价格的情况下择优签约。

六、各项合同签字后应按规定程序上报审批。

第七条　合同实施

一、合同管理

1. 各种合同应由引进工作的专职部门统一管理。

2. 按照进度表掌握合同执行情况，并随时处理执行中遇到的问题。

二、财务管理

财务部门应负责整个引进项目的财务工作，包括：

1. 按进度筹集资金，合理使用，严格管理。

2. 按上级有关规定办理引进项目的预算稽核、付款、结算等日常工作。

3. 引进工程竣工验收时应作出决算。

4. 进口物资的账物管理应按公司有关规定办理。

5. 对引进项目进行监督并提出参考意见。

三、合同交货

1. 引进工作专职部门负责按合同规定的交货期组织进货。

2. 按规定申报商检。

3. 根据有关规定办理减免税手续。

4. 商检通过后，办理货物到港后的海关、运输手续，及时组织进货。

5. 会同公司内部有关职能部门和使用单位，共同进行开箱验收，并填写开箱验收单。

6. 对缺损货物必须在索赔期内办理索赔。

7. 对货物的品质，必须按照合同和相关技术文件的规定进行品质检验。对本公司无法检验的物品，应会同相应的管理部门联系检验单位。检验结果要作出书面报告。

8. 在质量保证期内发生的质量问题，应及时与供方联系解决。

9. 进口设备、仪表由公司主管部门和使用部门按上级和公司内部有关规定进行管理。

四、技术培训

1. 按合同进行的技术培训是全面掌握引进技术的关键，应选派政治思想好、技术过硬的对口专业人员出国培训。

2. 出国培训前应在国内进行必要的预培训，包括：

（1）外语准备；

（2）针对出国培训内容，对有关资料进行预习和相关知识的预培训；

（3）必要的操作技能的训练；

（4）出国前进行有关政治形势保密和礼仪方面的教育。

3. 出国期间应严格按照规定的日程和内容进行培训。

4. 受训人员应对所学内容作详细记录，回国后要进行认真的书面总结。

5. 派出的培训组，应有严密的组织、严格的纪律。在国外的一切活动应遵守外事纪律。

6. 试生产前应组织相关人员进行岗位培训。

五、技术指导

1. 供方派专家来公司技术指导前应安排好逐日的工作计划。

2. 对接受技术指导的人员要有明确的分工，事先熟悉加工图纸，作好准备。对其中难以掌握的技术标准要做到心中有数。

3. 通过技术指导要掌握供方的工艺技术标准，以求达到能独立地生产出与供方质量相同的产品。

4. 对提高产品质量有明显效果的工艺技术标准，应由工艺部门逐步推广到各个生产环节，全面提高工艺技术水平和新老产品的质量。

六、技术资料管理

供方按合同提供的与引进技术有关的图纸资料，是技术引进的主要内容之一，是产品制造和消化吸收的原始依据，同时也是我公司的重要技术资料。为了保证引进技术不流失，保持公司的相对优势，必须按照《技术引进图纸资料管理办法》中的各项规定严格管理。

第八条　引进产品的试生产和验收

一、引进产品的试生产分为：

1. 全部进口散件组装：指考察生产线的生产能力和人员掌握组装及调测技术的情况。

2. 部分进口散件组装：指在考核机加工生产线的生产能力和掌握加工技术的情况。

二、试生产应纳入公司的计划管理。

三、试生产中出现的问题应按合同规定分清责任以求得解决。

四、试生产产品应达到供方原设计的质量、产量和性能要求。

五、通过试生产应按照合同对供方提供的软件和硬件进行正式全面的考核，并对外组织正式验收。

六、合同验收由专职部门承办。

第九条　竣工验收

一、技术引进工程竣工后应按规定申报验收。

二、验收的依据是可行性研究报告和有关的设计文件。

三、在验收时应对整个工程的各项技术、经济指标作出定量的结论。

四、上级主管部门对竣工验收报告的批准，标志着引进工程全部结束。

第十条　对引进技术消化吸收和国产化

一、引进技术的消化吸收包括：

1. 对引进的产品设计、制造技术、管理方法等，在掌握其系统设计理论与方法、制造技术、原料配方、工艺流程、技术标准、检测方法以及优质、低耗、高产、安全生产控制方法等技术诀窍的基础上，提高企业的基础管理水平，生产出质量、性能、成本符合预期要求的设备或产品。

2. 对进口的关键设备、产品和元器件、基础件、原材料样品进行分析。

3. 对引进的技术或进口的设备，在学习掌握的基础上，提高公司科技攻关与技术开发的起点，结合国情发展、创新，开发出具有自己特色，达到国际先进水平的新产品、新设备、新工艺和新材料。

二、国产化是在对引进技术消化吸收的基础上，使用国产零部件和材料，制造出合格的产品。

三、对引进技术的消化吸收和国产化工作必须在公司及上级机关的统一规划、统一领导下进行。

四、公司及上级主管部门在安排引进工作时，必须同时安排消化吸收工作。

五、按照国家规定，编制引进技术消化吸收及国产化计划，报上级批准后实行。

六、公司应组织专门班子负责引进技术的消化吸收和国产化工作。

七、国产化进度应符合可行性研究报告中的要求。

第十一条　本办法由技术引进部门负责解释。

第十二条　本办法自下发之日起执行。

实训项目

实训题目：通过网络查找资料，了解我国企业技术采购（贸易）的概况，分析我国企业在技术采购中应注意的问题。

任务二　技术转让合同

任务描述

任务要求：技术转让合同拟订

某 LED 灯具生产企业为了进一步扩张市场，需向某理工大学采购 LED 光源及灯具生产技术，请你为该企业拟定一份技术转让合同。

知识准备

一、技术转让合同的概念

技术转让合同是指当事人之间就专利申请权转让、专利实施许可、技术秘密转让所订立的合同。技术转让合同包括专利申请权转让合同、技术秘密转让合同、专利实施许可合同等四种类型。

根据《中华人民共和国合同法》（以下简称《合同法》）第342条第2款的规定，技术转让合同应采用书面形式。技术转让合同是一类较复杂的合同，涉及专利、技术秘密等的知识产权问题，容易发生纠纷。之所以采用书面形式，一方面有利于明确当事人的权利义务关系，避免纠纷的发生；另一方面也有利于纠纷发生后的解决。

二、技术转让合同的特征

（一）标的的特定性

根据《技术合同认定规则》的规定，技术转让合同的标的是当事人订立合同时已经掌握的技术成果，包括发明创造专利、技术秘密及其他知识产权成果。技术合同的标的是非常宽泛的，可以是工业、农业、交通运输、医疗卫生、环境保护、国防建设以及国民经济各部门所能应用的技术成果，不受行业、专业和自然科学学科的限制。但技术转让合同的标的必须是已经存在的技术成果，不包括尚待研究开发的技术成果。如果当事人以尚待研究开发的技术成果为标的，则应订立技术开发合同，而非技术转让合同。

（二）标的的完整性

根据《技术合同认定规则》的规定，技术转让合同的标的必须具有完整性和实用性，相关技术内容构成一项产品、工艺、材料、品种及其改进的技术方案。在技术咨询和技术服务合同中，一方当事人也会就咨询服务项目向另一方当事人提供技术信息和技术资料，但这与有着特定、完整的技术内容的技术方案有着本质上的区别，这也是技术转让合同与技术咨询及技术服务合同的重要区别。

（三）标的的权属性

技术转让合同的履行在形式上虽表现为以图纸、资料、磁盘、磁带为物质载体的技术文件或技术方案在当事人之间转移，但本质上是专利申请权、专利权、技术秘密权、专利实施许可权的权属在当事人之间转移。

（四）转让的法定性

由于技术转让合同涉及专利、技术秘密等问题，所以除受《合同法》制约外，还要受《中华人民共和国专利法》等知识产权法的制约。

三、技术转让合同中的“使用范围”条款

《合同法》第343条规定，技术转让合同可以约定让与方、受让方实施专利或者使用技术秘密的范围，但不得限制技术竞争和技术发展。一般来说，技术转让合同可以就以下四个方面的使用范围作出约定：

（一）使用权限的限制

技术转让合同的当事人可以约定专利或者技术秘密的使用权限。专利与技术秘密的使用权限以让与方是否可以在详谈的地域范围内自己使用或许可他人使用为标准，分为普通许可、排他许可和独占许可。

（二）使用期限的限制

技术转让合同的当事人可以约定专利或者技术秘密的使用期限。合同未约定期限或者约定不明确的，受让方实施专利或使用技术秘密不受期限限制。但合同约定的专利实施许可的期限不能超过整个专利权期限。

（三）使用地区限制

技术合同的当事人可以约定实施专利技术或者使用技术秘密的地区，并可同时约定与实施专利技术或者使用与技术秘密相联系的产品制造、使用和销售地区。如果合同没有此方面的约定，则视为受让方享有授予该专利的国家或地区的任何地域内实施专利技术，以及在世界上任何地域内使用该技术秘密的权利。

技术转让合同中的地域限制条款与专利权本身的地域限制不同。专利权本身的地域限制是指专利仅在授予国有效，这是一条法定原则，无须在合同中约定。技术转让合同所说的地域限制一般是指受让方有权使用专利实施许可合同的技术标的去从事生产制造或销售活动的地区限制。

（四）实施方式的限制

技术转让合同的当事人可以约定专利技术和实施方式。作为技术转让合同标的技术成果既可以是技术方法，也可以是技术产品。当技术转让合同的标的为技术方法，而该技术可以用于多种目的和用途时，让与方可以在合同中限制受让方只能将其用于某一种或者几种目的或用途。当技术转让合同的标的为技术产品时，转让方可以在合同中限制受让方在产品制造、使用、销售、进口上的权利中的一种或几种，还可以限制该产品具体使用的目的和用途。

技术合同当事人可以约定使用范围，但并不意味着当事人可以滥用权利，以种种不合理的条款妨碍技术竞争和技术发展。

四、技术转让合同当事人的权利与义务

（一）专利权转让合同中当事人的义务

让与人的主要义务：

（1）按合同约定的时间将专利权移交给受让人。当然，专利权中的人身权并不因专利权的转让而转让。

（2）保证自己是转让专利权的合法拥有者，并保证专利权的真实、有效。

（3）按合同约定交付与转让专利权有关的技术资料，并向受让人提供必要的技术指导。

（4）保密义务。

受让人的主要义务：

（1）向让与人支付合同约定的价款；

（2）按合同的约定承担保密义务。

（二）专利申请权转让合同中当事人的义务

让与人的主要义务为：

（1）将合同约定的专利申请权移交受让人，并提供申请专利和实施发明创造所需要的技术情报和资料。

（2）保证作为申请权标的的发明创造是让与人自己或自己与他人合作通过创造性劳动合法获得，或者通过委托开发合同获得，即保证自己是所提供技术的合法拥有者。

（3）按合同的约定承担保密义务。

受让人的主要义务为：

（1）向让与人支付合同约定的价款。

（2）按合同约定承担保密义务。

（三）专利实施许可合同中当事人的义务

让与人的主要义务：

（1）保证自己是所提供的专利技术的合法拥有者，即自己提出专利申请、经专利机关审查后授予了专利权的技术，或者是让与人通过合法的转让合同获得。

（2）提供的专利技术完整、无误，能够达到约定的目的，并许可受让人在合同约定的范围内实施专利技术。

（3）交付与实施该项专利技术有关的资料，并按约定提供技术指导。

受让人的主要义务：

（1）在合同约定的范围内实施专利技术，并不得违反许可合同约定以外的第三人实施该项专利。

（2）支付合同约定的价款。

（四）技术秘密转让合同中当事人的义务

技术秘密转让合同中让与人的主要义务：

（1）让与人应是该技术秘密成果的合法拥有者，保证在订立合同时该项技术秘密未被他人申请获得专利。

（2）按约定提供技术资料，进行技术指导。

（3）保证此项技术的实用性、可靠性。

（4）承担合同约定的保密义务。

受让人的主要义务：

(1) 在合同约定的范围内使用技术。

(2) 按合同约定支付使用费。

(3) 承担合同约定的保密义务。

任务实施

一、技术转让合同文本结构

技术转让合同文本由标题、正文、落款、附件等部分组成。

(一) 标题

直接注明“技术转让合同”字样，也可注明技术转让内容。

(二) 正文

正文部分有以下内容：项目名称，合同编号，合同登记机关，登记日期、期限，当事人基本信息，合同标的及技术要求，双方的责任和义务，合同计划、进度，验收标准、方式，技术成果归属和分享，风险承担，违约责任等。

(三) 落款

双方当事人的签名、盖章，双方当事人的联系地址、邮政编码、电话、电子邮箱等，合同签订日期。

(四) 附件

与本技术转让合同有关的背景资料，包括可行性研究报告，项目任务书或计划书，有关技术标准、规范，相关图纸、照片等。

二、注意事项

(一) 要注意专利与技术秘密的有效性

专利的有效性主要体现转让的专利或者许可实施的专利应当在有效期限内；超过有限期限的，不受法律保护。技术秘密的有效性主要体现保密性上，即不为社会公众所知，是所有人的独家所有。如果是已为公众所知的技术，就谈不上是技术秘密，当然也就不存在转让问题。

(二) 技术的有关情况应当约定清楚

技术是技术转让合同的标的，技术的有关情况应当在合同中详细规定，便于履行。技术的有关情况包括：技术项目的名称，技术的主要指标、作用或者用途，关键技术，生产工序流程，注意事项等。这些数据表明了技术的内在特征，是有效的，同时也是当事人计算使用费或者转让费的依据。

(三) 转让或者许可的范围

转让技术或者许可他人实施技术，都应当明确范围。合同中可供选择的条款包括：专利转让的，涉及专利权人的变更，因而其范围及于全国；专利许可的，则要明确在什么区域内可以使用该专利，超过的就是违约；技术秘密转让的，让与人要承担保密责任，其适用范围可以及于全国，也可以只是某个地区。

（四）转让费用的约定

转让费用包括转让费和使用费。在专利转让情况下，受让人应当支付转让费。转让费根据技术能够产生的实际价值计算，通常规定一个比例，便于操作。在实施许可的情况下，则根据适用范围和生产能力以及是否是独家等因素考虑转让费或者使用费的数额。受让人未按照约定支付使用费的，应当补交使用费并按照约定支付违约金；不补交使用费或者支付违约金的，应当停止实施专利或者使用技术秘密，交还技术资料，承担违约责任。实施专利或者使用技术秘密超越约定的范围的，未经让与人同意擅自许可第三人实施该专利或者使用该技术秘密的，应当停止违约行为，承担违约责任；违反约定的保密义务的，应当承担违约责任。另外，不同类型的技术转让在签订合同时还有其应该特别注意的问题。

三、拟定技术转让合同

技术转让协议

受让方（甲方）：某 LED 灯具生产企业

转让方（乙方）：某理工大学

甲、乙双方在平等自愿的基础上，经充分协商，按照互惠互利的原则，对乙方拥有的生产技术，达成如下技术转让协议：

一、乙方拥有的生产技术是指 LED 光源及灯具生产技术，乙方同意每个规格产品技术造价为人民币____元。即每个规格的技术为此价格。如同样功率及参数的产品即为同一规格，如需乙方重新设计线路即为增加规格。具体规格见合同附件 1。

二、乙方应在本协议签署后的______天内将甲方需要的生产技术资料、设计图纸、工艺文件、BOM 表、检验标准、供应商的清单等技术资料，完整、准确、全面地移交给甲方，并在甲方有需要时提供指导。

三、生产技术（含部分技术）若有申请专利，该专利权在本协议生效后，归甲方所有。

四、本协议生效后，乙方提供的生产技术归甲方所有。

五、验收标准和方法：

乙方转让的生产技术须经甲方验收，即在打样检验合格后，达到甲方现有的技术指标。

六、甲、乙双方均可利用该生产技术进行创新，创新成果归创新方所有。

七、后续技术支持及服务：

如后续甲方因产品或技术需要乙方提供技术支持的，乙方必须无条件地配合甲方，并在和甲方取得沟通，双方同意后在 3 个工作日内协助甲方处理或者给出处理方案。

八、付款方式：

双方合同签订后甲方向乙方支付20%诚意金，其他尾款在乙方对甲方所提供的技术资料和产品打样检验合格后，在30日内付清。甲方不得以任何借口拖延付款时间。付款方式全部为现金。

九、如因本协议发生纠纷，甲、乙双方应友好协商解决；协商不成时，提交乙方所在地人民法院裁决。

十、本协议一式两份，自双方签字盖章后生效，甲、乙双方各执两份，具有同等法律效力（合同附件同本合同同时生效）。

实训项目

案例分析："新清宁片"技术合同转让纠纷

原告中国中医研究院中药研究所（以下简称中药所）向北京市第二中级人民法院起诉称：我方曾与被告营口市中药厂（以下简称营口药厂）签订"新清宁片"技术转让合同。合同约定，我方将"新清宁片"的生产技术转让给营口药厂，营口药厂分四次付清技术转让费60万元。我方已如约履行了合同义务，但营口药厂至今未付清全部技术转让费，经多次催要，尚欠40万元未付，故诉至法院，请求法院判令：第一，营口药厂立即支付拖欠的40万元技术转让费及违约金404 800元；第二，支付此纠纷审理过程中中药所支付的诉讼费、委托律师费33 058元；第三，解除双方签订的技术转让合同，营口药厂立即停止生产"新清宁片"；第四，公开向中药所赔礼道歉。

被告营口药厂反诉称：不同意中药所的诉讼请求，因双方签订合同后，中药所未依约付给合格的技术资料，致使我方推迟6个月才正常生产，故应认定合同正式执行日期顺延6个月。其次，中药所承诺"新清宁片"有5年的保护期，在5年内不对外扩散此技术，但中药所违反约定，给我方造成很大的经济损失。请求法院判令：第一，合同生效日期顺延6个月；第二，因原告违约，应支付我方违约金16万元；第三，不再支付剩余的技术转让费；第四，全部诉讼费用由原告方承担。

如果你是法官，如何进行判决？

学习情境四　服务采购作业

【学习目标】

知识目标	1. 了解服务采购概念、特点以及服务采购分类； 2. 理解服务采购流程； 3. 熟悉服务采购邀请书的基本内容； 4. 熟悉服务采购合同的基本内容。
技能目标	1. 能够撰写服务采购邀请书； 2. 能够拟定服务采购合同。
职业能力目标	1. 具有市场需求调查、分析能力； 2. 具有制作服务采购相关单据、合同的能力； 3. 具有良好的沟通、协作和组织能力。

子学习情境1　服务采购认知

任务　服务采购认知

任务描述

任务背景：

据美国亚利桑纳州立大学CAPS研究中心2003年发表的一项研究报告，对年均营业收入为40.2亿美元，年均服务支出为4.34亿美元的大公司来说，企业营业收入总额的11%和采购总成本的30%都是用于采购服务的。其中，用于采购物流服务的支出占企业采购总成本的5%左右。显然，这对企业的供应管理来说存在着巨大的挖潜增效机会。该项研究还表明这个挖潜增效的机会正在扩大：有58%参与调查的公司预期在今后的5年内要增加服务支出，平均增幅为2%。

任务要求：什么是服务采购？举例说明身边服务采购的种类。

知识准备

一、服务采购

服务采购是采购满足组织内部不能或不愿提供的服务或相关服务。通过招标、竞标，组织挑选最适合的供应商并要求其提供专业的、高效的，能够给企业带来利益的服务。它把从供应商那里采购来的服务，与组织的战略管理有效结合，有利于组织获取更专业的技术和人才，减少业务负担，获得专家的意见，降低支出，增强组织的竞争力。服务采购大致分为：

（1）售前服务的提供，即卖方在交易前提供的诸如产品说明、操作示范、制作规范或材料规范说明等产品信息，这些信息可增加采购人员的产品知识，利于采购决策；

（2）售后服务的提供，即卖方提供的关于设备或产品的安装、维护、操作、使用方法的培训、运送及退换货等服务；

（3）专业服务的提供，即由律师、管理顾问、会计师、建筑师、电气技师、广告设计师和程序设计人员等提供的特殊服务；

（4）物流和勤务服务的提供，主要涉及物流、信息、通信、餐饮、清洁、警卫等方面的服务。

二、服务采购的特点

服务采购确实不同于产品或其他物料的采购。美国Eli Lilly and Company公司的副总裁和首席采购官David M. Green认为，服务采购有以下六个特点：

（1）服务采购难以把握和控制。因为同样的服务经常在不同的地方或者被多个业务单位使用，或者有多个“业主”在不同程度上使用同一种类型的服务。要应对这个挑战，对服务采购进行分类诊断是关键。

（2）由于服务的无形性使得确定其范围和要求变得更加困难。所以，需要一个能够促进规范供应管理部门和内部客户之间协作和沟通的服务采购流程。

（3）对服务本身或服务供应商的评价更多的是主观评价。所以，必须对供应商的服务范围和要求给出明确的描述。

（4）有些内部客户认为它们所需要的服务非常特别，很难在市场上找到新的供应商。这时，供应管理部门就要利用自己所掌握的市场知识，为内部客户提供增值的服务，包括选择服务供应商和站在客户的立场上详细地说明服务的要求。

（5）有些服务要求会直接面向企业内部的其他部门，可能会越过已经制定的采购流程。这时，供应管理部门就必须介入，不管是通过公司制度还是已经建立起来的信任关系，最好有一个规范的采购流程。当然，也可以把采购职能与评价职能分开，这将有助于供应管理部门参与签约过程。

（6）有时企业会面临某种服务无法归类的情况，这时，采购委员会或供应商关系管理解决方案能够帮助企业将那些服务归类。为此，David M. Green 强调企业在与供应管理部门和内部客户之间协作和沟通时要规范采购流程；当采购服务是直接面向企业内部的其他部门时，为了避免破坏公司的制度，也要规范采购的流程。

任务实施

一、服务采购的分类

有效服务分类的关键是明确分类的原则。例如，如果管理层认为把服务分为策略的和非策略的比较合适，那么确定这些原则的定义就非常重要。比如，有个企业使用这种方法把策略采购确定为“任何超过万美元的服务采购”。问题是有些超过万美元的服务采购明显的属于例行公事，并不需要策略采购小组的技能和专业知识。而一些金额在过万美元以下的服务采购却显得更复杂，需要策略采购小组的技能和专业知识支持。所以，对策略的更有用的定义可能是“关键任务”，这意味着某种服务是企业实现其目标所必需的。通过清晰的服务分类，然后是仔细的服务支出分类，供应管理人员就能够更好地配置人力资源、技术、财力等。

服务还可以根据典型的卡拉杰克 2×2 矩阵来分类。该矩阵将服务对企业的价值与在市场上获得该服务的风险进行比较。

二、企业采购的服务

现代企业主要采购的服务有三大类：物流服务、IT 服务和人力资源服务。还有许多企业采购一些服务类产品：信息系统、人力资源、设备检修和维护、市场销售、财务、行政管理等。IO 协会对包括广告业、医疗保健业、制造公共事业以及政府部门在内的企业进行的长期的在线调查显示：企业服务采购三大领域是信息技术、运作、物流（如表 4－1 所示）。其中，运作包括行政管理、客户服务、财务、人力资源、房地产及实物资产、销售和市场六大块；物流包括分销和运输两部分。

表4-1 服务采购分类

类型		企业向供应商采购的服务	企业可能要采购的服务
信息技术		维护/修理，培训，应用开发 咨询和重构，上机数据中心	客户，服务器，网络，桌面系统 终端用户支持，全部IT资源
运作	行政管理	印刷和复印，收发室 咨询与培训	档案管理，行政管理信息系统 供应/存货，印数和复印
	客户服务	现场服务，现场服务派遣 客户热线支持	客户服务信息系统 现场服务派遣，客户热线支持
	财务	薪酬处理，交易处理	薪酬处理，税务事项
	人力资源	职位安置，员工补贴，招聘/安置	咨询与培训，人力资源信息系统
	房地产和实物资产	食品和餐厅服务 设备维护和保安	设备管理，设备维护 设备信息系统
	销售和市场	邮寄广告，广告，电话推销	预订和销售运作，现场销售
物流	分销	货运审计，广告，电话推销	仓储，分销和物流 信息系统，运作
	运输	车队管理，车队运作，车队维护	车队管理，车队运作，车队维护

实训项目

实训题目：调查身边企业服务采购的现状，分析企业服务采购中存在的问题。

子学习情境2 服务采购作业实施

任务一 服务采购作业流程

任务描述

任务背景：描述咨询服务采购流程

RL高速公路项目全长176km，批准概算投资65.77亿元人民币，利用亚行贷款2.5亿美元，对于利用亚行贷款的高速公路项目而言，一般要求提供两种咨询服务，一种是项目前期的咨询服务即技术援助（PPTA），由亚行在成员国的范围内进行采购，对项目诸多指标进行论证，以保证项目的准备、建设、经营以及进行的相关活动达到高效与经济的目的；另一种咨询服务是项目建设及运营过程中的咨询服务，由借款人（业主）进行采购，为项目提供管理、技术、培训等方面的服务。按借款人与亚行签署的《项目协议》的规定：RL 高速公路项目共需 53 个人月的国际咨询服务，48 个人月用于施工监理，5 个人月用于监控评估道路安全方面的服务以及培训。

任务要求：假设你是该高速公路项目服务采购负责人，请简要描述该咨询服务采购流程。

知识准备

一、规范服务采购流程

虽然服务采购流程的具体环节会随着企业的不同而变化，但下列步骤将有助于对服务采购更有效地控制。

第一步，对服务采购支出进行结构分析。关键的问题有：企业总支出的百分之多少是用于服务采购的企业，采购了哪些服务，每一类服务采购的支出比重是多少。这些服务的类型在卡拉杰克 2×2 矩阵中落在何处，是非紧急的、杠杆的、短缺的还是策略的。

第二步，确定适宜的服务采购流程。一般来说，企业应该对非紧急的和杠杆的采购实行自动化或程序化的采购方法，为每一种策略采购确定一个首选服务供应商，建立一个团队来取消短缺采购。关键的问题有：是否可以使用电子工具获得所需服务在线招标；是否需要跨职能部门的解决方案。如果需要，在企业内部采取什么样的方法才是有效的。

第三步，确定清晰的服务范围和服务要求。关键的问题有：企业是否拥有足够的内部资源来确定清晰的服务范围和要求；如果企业内部资源不足，所需要的技能是否可以从企业外部获得，代价多大。有关的知识是否可以向企业内部转移。

第四步，利用精心设计的采购流程来进行信息搜集和分析，并作出选择。

二、服务采购邀请书

（一）邀请书内容

（1）对项目及项目执行者的简介及选择咨询公司的基本要求，并对短名单内的公司发出邀请，说明合同谈判和咨询工作的大体时间安排；

（2）咨询公司提供的建议书的内容；

（3）建议书提交的时间、地点、方式、联系人、联系电话等（必须说明在将建议书提交项目执行者的同时，应将建议书发往亚行能源交通处和咨询服务处）；

（4）建议书的评估；

（5）合同谈判，包括财务报价的基本要求；

（6）说明项目执行者向咨询公司提供的信息和设施；

(7) 提交建议书意向的反馈；
(8) 现场考察；
(9) 对附加信息的要求。

(二) 邀请书附件

邀请书有如下主要附件：
(1) 背景资料、咨询服务大纲，如同时进行海外培训的采购则还应包括培训计划在内；
(2) 近10年内所做的能证明资格的主要工作；
(3) 目前员工的分布情况；
(4) 员工配备一览表；
(5) 拟到人员的履历表；
(6) 财务建议；
(7) 建议的评估原则。
一般还应将合同样本作为附件。

任务实施

RL高速公路项目咨询服务采购流程

借款人（业主）对咨询服务的采购程序按图4-1进行。

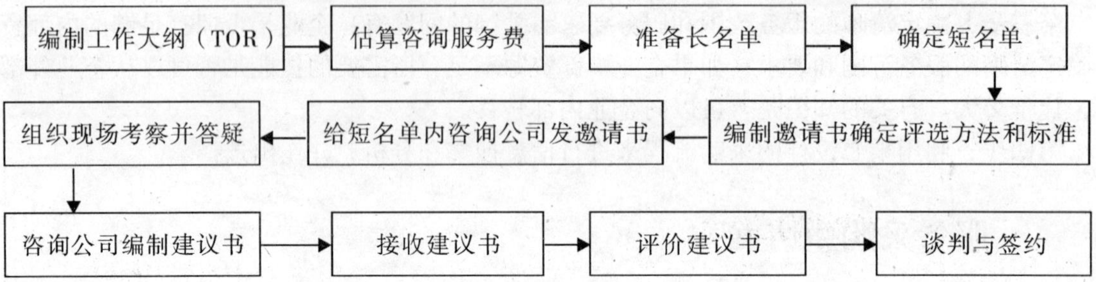

服务采购程序图

如上图所示，首先与亚行的评估团协商拟定咨询服务工作大纲，确定服务人月、范围内容、估算咨询服务的费用，作为整个项目评估的一部分写入备忘录，并在最后写进《项目协议》。留出足够的周期后，业主可以指派专门人员在适当的时候启动采购工作。所谓“长名单”就是从亚行信息库中和前来联系业务的咨询公司中，择取一定数量的公司，列出一个较长的名单，一般在20~40家。所谓短名单就是依照一定的程序从长名单中选出5~7家公司列成一个较短的名单。邀请书及其附件的编写，相当于招投标过程中的招标文件编写，应该认真对待。如果项目比较大或工程较为复杂可组织现场考察，并进行答疑。建议书的接收是按邀请书中的约定地点、时间、递交方式进行的，对迟到的建议书是不能接受的。随后是评估委员会对建议书进行评估，排出先后顺序，业主进行谈判，直到谈判成功签订咨询服务合同为止，才算完成咨询服务采购的全过程。

实训项目

实训题目：请你为 RL 高速公路项目编制一份服务采购邀请书。

任务二　服务采购合同

任务描述

任务要求：服务采购合同拟定

新浪网技术（中国）有限公司与北京新浪互联信息服务有限公司（以下合称“新浪”）是国内最大的互联网公司之一，需采购如下服务，包括但不限于博客、播客、搜索、手机图片、铃声下载、交友、论坛（BBS）、聊天室、电子邮件、发表新闻评论等。请你为它撰写一份服务采购协议。

知识准备

一、服务采购合同文本结构

服务采购合同文本由标题、正文、落款、附件等部分组成。

（一）标题

标题可直接注明“服务采购合同/协议”字样，也可注明服务购买内容。

（二）正文

正文部分有以下内容：项目名称，合同编号，合同登记机关，登记日期、期限，当事人基本信息，合同标的及要求，双方的责任和义务，合同计划、进度，验收标准、方式，风险承担，违约责任等。

（三）落款

双方当事人的签名、盖章，双方当事人的联系地址、邮政编码、电话、电子邮箱等，合同签订日期。

（四）附件

与服务采购合同有关背景资料，包括可行性研究报告、项目任务书或计划书、有关技术标准、规范，相关图纸、照片等。

二、拟定服务采购合同的难题

（1）所需采购的服务范围和要求不易规范。服务是指货物和工程以外的采购项目，但具体应包括哪些项目，各个项目又应包含哪些内容，很难详细规定。完全依赖内部客户来确定服务采购的范围和要求又常常会引起麻烦，因此服务的范围和要求表述不清的状况经常发生。

一个表述不清的服务要求可能要经过来回多次的磋商才能表述清楚；来自市场的不充分的信息可能导致内部用户对现有的和潜在的服务供应商作出错误的判断，从而造成不良的供应商的选择、不适当的服务合同和不合格的服务结果。更有甚者，一个不清晰的服务要求描述可能导致企业获得的服务无法满足最终要求，或者满足需求的服务成本是企业难以承受的。这些都会导致对服务要求进行审查和修改，可能造成采购周期的延长。

（2）企业进行集中采购难度大。服务类采购对象复杂多样，范围广泛，实施集中采购的难度较大，从各地的实践情况来看，大多数服务类采购项目都是企业各个部门自己在操作，如会议、公务接待、职业培训、物业管理、设计咨询、信息服务等，很多都是由企业各个部门自行采购，一些服务性消费已逐步转化成部门、单位的权力消费，还有一些部门、单位依法办事意识不强，对服务类采购的认识不到位，拒绝将本单位的服务类采购项目纳入集中采购，使其受到一定冲击，使企业采购中心覆盖面和规模大受影响。

任务实施

一、服务采购协议撰写

新浪服务采购协议

（一）合作事项

（1）新浪网技术（中国）有限公司（Sina. com. Technology（ China ）Co. Ltd.）与北京新浪互联信息服务有限公司（Beijing SINA Internet Information Service Co. Ltd.）（以下合称“新浪”）和服务提供者（以下简称“受托人”）就服务采购事项进行合作。

（2）具体合作内容：受托人按照新浪要求的内容、技术指标等进行如下服务委托事项，包括但不限于博客、播客、搜索、手机图片、铃声下载、交友、论坛（BBS）、聊天室、电子邮件、发表新闻评论等。

（3）双方同意，本合同适用于新浪及新浪的关联企业。为明确起见，双方特此确认新浪关联企业包括但不限于：新浪技术（中国）有限公司、新浪网技术（中国）有限公司、北京新浪网络技术服务有限公司、北京新浪互联信息服务有限公司、北京新浪无限广告有限公司、北京星潮在线文化发展有限公司、星潮在线网络科技（北京）有限公司、北京新潮讯捷信息技术有限公司、北京讯通佳网网络技术有限公司、北京新浪互动游戏技术有限公司、北京新浪飞扬软件有限公司、广州市讯龙科技有限公司、深圳市网兴科技有限公司。

（二）费用与支付

（1）新浪按照委托事项的性质和内容，以双方约定的或者新浪通用的委托费标准，向受托人支付其应得的委托费。

（2）新浪向受托人支付委托费后，如新浪要求，受托人应开具有关收款凭证。

（三）新浪的权利与义务

（1）如果委托事项是新浪委托受托人创作的委托作品，除双方另有约定的情形外，作品的著作权由新浪享有，新浪有权依法行使其对委托作品享有的著作权，包括但不限于以下列方式使用：

①根据自身需要选择委托作品刊登在“新浪网”各网站上（包括但不限于新浪网北京网站、北美网站、香港网站及“台湾”网站）以及新浪开设的WAP频道中；

②授权第三方以免费或付费方式使用委托作品；

③将委托作品的著作权转让给任何第三方。

（2）如发生下列任何一种情形，新浪有权随时中断或终止受托人根据本协议进行的委托事项，由此引发的一切后果和法律责任由受托人自行承担，与新浪无关：

①受托人提供的个人资料不真实；

②受托人违反新浪要求的内容、技术指标等。

（3）新浪有权对受托人提供的网络技术服务情况进行审查和监督，如受托人在进行委托事项时违反本协议任何规定，新浪或者其授权人有权要求受托人改正或直接采取一切必要的措施（包括但不限于更改或删除受托人张贴的内容等，暂停或终止受托人正在进行的委托事项等）以减轻受托人不当行为造成的影响。

（四）受托人的权利与义务

（1）受托人在进行委托事项时必须遵循以下原则：

①遵守中国有关的法律和法规；

②遵守所有与网络服务有关的网络协议、规定和程序；

③不得为任何非法目的而使用网络服务系统；

④不得利用新浪网络服务系统进行任何可能对互联网或移动网正常运转造成不利影响的行为；

⑤不得利用新浪提供的网络服务上传、展示或传播任何虚假的、骚扰性的、重伤他人的、辱骂性的、恐吓性的、庸俗淫秽的或其他任何非法的信息资料；

⑥不得侵犯其他任何第三方的专利权、著作权、商标权、名誉权或其他任何合法权益；

⑦不得利用新浪网络服务系统进行任何不利于新浪的行为；

⑧如发现任何非法使用用户账号或账号出现安全漏洞的情况，应立即通知新浪。

（2）受托人提供的网络技术服务中包含的任何文本、图片、图形、音频和（或）视频资料及软件均受著作权、商标和（或）其他财产所有权法律的保护，未经相关权利人同意，上述资料不得在新浪网上直接或间接发布、播放以及出于发布或播放的目的而改写或再发行，或者被用于其他任何商业目的。新浪不就由上述资料产生，或在传送或递交全部或部分上述资料过程中产生的延误、不准确、错误和遗漏；或从中产生或由此产生的任何损害赔偿，以任何形式向用户或第三方负责。

（3）如果委托事项涉及委托作品，未经新浪事先书面同意，受托人不得擅自将委托作品提供给任何第三方使用或以其他任何可能损害新浪著作权的方式使用委托作品。

（4）受托人保证：

①其提供给新浪的委托作品如果是原创作品，则作品中包含的全部内容系受托人独立创作完成；委托作品如果经改编、翻译、注释、整理等行为而产生的衍生作品，其内容不得侵犯原作品的著作权；

②其提供给新浪的委托作品中的全部内容均不违反有关法律法规的规定，并且不会侵害任何第三方的合法权益；

③在向新浪提交委托作品之前，受托人未将委托作品以任何方式授权给其他任何第三方使用。

（5）如果征得新浪的事先书面同意，受托人可将委托作品向其他传统媒体或网站转投，由此产生的委托费、收益等问题由双方另行协商解决。

（6）在本协议有效期内及本协议终止后的任何时间，如新浪为保护其对委托作品享有的著作权而需受托人提供协助，受托人应提供一切必要的协助。

（五）商业秘密

（1）任何一方对于因签署或履行本协议而了解或接触到的对方的商业秘密及其他机密资料和信息（以下简称“保密信息”）均应保守秘密；非经对方书面同意，任何一方不得向第三方泄露、给予或转让该保密信息。

（2）在本协议终止之后，各方在本条款项下的义务并不随之终止，各方仍需遵守本协议之保密条款，履行其所承诺的保密义务，直到其他方同意其解除此项义务，或事实上不会因违反本协议的保密条款而给其他方造成任何形式的损害时为止。

（六）免责声明

（1）受托人明确同意其进行委托事项所存在的风险将完全由其自己承担；因其进行委托事项而产生的一切后果也由其自己承担，新浪对受托人不承担任何责任。

（2）由于各种意外情况而造成新浪和受托人的损失，新浪和受托人均不需承担责任。这些意外包括并不限于以下内容：

①网络服务器设备发生故障、网络线路中断、停电等意外情况；

②遭遇黑客恶意攻击；

③银行系统故障；

④遭遇战争、自然灾害等不可抗力。

（七）违约责任

（1）新浪与受托人应正当行使权利，履行义务，保证本协议的顺利履行。

（2）任何一方违反本协议项下的任何规定，均应当承担违约责任；给对方造成损失的，应赔偿对方由此所遭受的直接和间接的经济损失。

（八）生效及终止

（1）一经申请并注册成为正式受托人，本条款即构成受托人和新浪之间具有法律约束力之合作协议。

（2）新浪有权根据法律法规政策的要求或者网站运营的需要，单方面随时终止合作。

（3）合作终止时，新浪应向受托人结算委托费余额。

（九）争议解决与适用法律

（1）如双方就本协议内容或其执行过程中发生任何争议，双方应进行友好协商；协商不成时，任何一方均可向新浪所在地人民法院提起诉讼。

（2）本协议的订立、执行、解释及争议的解决均应适用中国法律。

（十）其他条款

（1）本协议对每一方的继承人和受让人均有约束力。

（2）本协议的任何一方未能及时行使本协议项下的权利不应被视为放弃该权利，也不影响该方在将来行使该权利。

（3）如果本协议中的任何条款无论因何种原因完全或部分无效或不具有执行力，或违反任何适用的法律，则该条款被视为删除。但本协议的其余条款仍应有效并且有约束力。

（4）新浪有权利根据自身运营的需要修改本协议的内容，并以公告等方式通知受托人。一经申请并注册成为正式受托人，即视为同意遵守新浪发布的最新协议和政策的规定。

（5）本协议未尽事宜由双方另行协商解决。

实训项目

实训题目：广州亿码科技有限公司欲向某公司购买全套网络114品牌实名保护服务，请你为它拟定一份服务购买协议。

网络114品牌实名服务购买协议

甲　　方：________	乙　　方：广州亿码科技有限公司
通信地址：________	通信地址：广州市天河区五山路267号瑞华大厦北塔8h
邮　　编：________	邮　　编：510630
联 系 人：______先生/小姐	联 系 人：______先生/小姐
E-mail：________	E-mail：________
电　　话：____　传真：____	电　　话：______传真：020－38480969

本着诚信协作的精神，经甲乙双方充分友好协商，就甲方购买乙方提供的网络114品牌实名保护服务事宜达成本协议，具体内容如下：

一、甲方向乙方购买服务内容如下

表4－2　甲乙双方购买服务内容

<table>
<tr><th>服务内容</th><th>单价</th><th>品牌实名</th><th colspan="2">品牌实名组成</th></tr>
<tr><td rowspan="4">网络114
品牌实名保护</td><td rowspan="4">每个
1 500元/年</td><td></td><td colspan="2">□公司简称或全称　□注册品牌　□注册品牌＋产品
□公司简称＋产品　□注册商标　□商标＋产品</td></tr>
<tr><td>购买服务年限（年）</td><td>服务生效时间</td><td>服务结束时间</td></tr>
<tr><td></td><td></td><td></td></tr>
<tr><td colspan="3">品牌实名对应链接：</td></tr>
<tr><td rowspan="5">网络114
品牌实名赎回</td><td rowspan="5">每个
3 000元/年</td><td></td><td colspan="2">□公司简称或全称　□注册品牌　□注册品牌＋产品
□公司简称＋产品　□注册商标　□商标＋产品</td></tr>
<tr><td>购买服务年限（年）</td><td>服务生效时间</td><td>服务结束时间</td></tr>
<tr><td></td><td></td><td></td></tr>
<tr><td colspan="3">品牌实名对应链接：</td></tr>
<tr><td colspan="3"></td></tr>
<tr><td>合计小写（元）</td><td></td><td>大写</td><td colspan="2"></td></tr>
</table>

二、甲乙双方权利及义务

（1）本协议约定，乙方为甲方提供全套网络114品牌实名保护服务。乙方保证服务的完整性、统一性和持续性；甲方向乙方支付相应服务费用。

（2）甲方签署本协议，即表示已充分了解并完全同意接受乙方《网络114品牌实名保护服务协议》（附件一）和《网络114品牌实名保护服务说明》（附件二）中所规定的权利和承担其中的义务，乙方对上述文件保留最终解释权和修改权。

（3）协议生效后5个工作日内，甲方一次性以银行转账或电汇方式，向乙方缴付购买网络114品牌实名保护服务的所有款项。乙方银行账号：821008030308091001；户名：广州亿码科技有限公司；开户行：中国银行广州东山广场支行；或者由乙方业务代表________现金收讫；业务代表授权查询电话：020－38481239。

（4）收到甲方所有服务款项后2个工作日内，乙方为甲方提供网络114品牌实名保护完整服务。

（5）服务期间，乙方对网络 114 品牌实名保护服务的服务或功能进行升级，乙方有义务免费为甲方升级其网络 114 品牌实名保护服务的服务或功能至同一水平。

（6）乙方保证甲方网络 114 品牌实名保护服务的正常使用，因不可抗力或其他原因导致相关服务无法实现，乙方应尽最大的努力在合理期限内使其尽快恢复正常。服务期间，乙方有义务向甲方解答在使用网络 114 品牌实名保护服务过程中不涉及商业秘密的任何疑问。

（7）本协议一式两份，经甲乙双方签字盖章生效后各执一份。

甲　　方：____________________ 乙　　方：广州亿码科技有限公司

（甲方公司签章） （乙方公司签章）

甲方代表：____________________ 乙方代表：____________________

______年______月______日 ______年______月______日

学习情境五　办公用品采购作业

【学习目标】

知识目标	1. 了解办公用品采购概念； 2. 熟悉办公用品采购常用表格和办公用品采购合同； 3. 熟悉办公用品采购管理制度； 4. 熟悉办公用品采购、申购、核销流程。
技能目标	1. 能够编制办公用品采购管理制度和管理表格； 2. 能够拟定办公用品采购合同。
职业能力目标	1. 具有市场需求调查、分析能力； 2. 具有编制办公用品采购管理制度、管理表格、合同的能力； 3. 具有良好的沟通、协作和组织能力。

子学习情境1　办公用品采购认知

任务　办公用品采购认知

任务描述

任务要求：小张最近被某公司聘用为公司办公室主任，为规范公司办公用品的采购行为，经理让他编制一个办公用品采购制度。小张该如何办？

知识准备

一、办公用品范畴

办公用品主要包括：各种办公室所需耗材、办公设备、办公家具、电脑及配件、其他零星物品以及机器设备、运输工具、大额资产等固定资产。

二、办公用品采购常用表格

表 5－1　办公用品采购审批单

申请日期：

申请部门		申请人	
采购内容			
物品数量		预算金额	
部门经理意见		办公室副主任意见	
商务经理意见			
项目经理意见			

采购承办人：

表 5－2　办公用品领用申请表

部门：　　　　　　　　　申请人：　　　　　　　　　　申请日期：　　年　　月　　日

物品名称	规格、型号、颜色	单位	数量	备注

审批签署	部门负责人	行政人事管理中心经理

任务实施

办公用品采购管理制度

为加强管理，规范公司办公用品的采购、领取及保管行为，节约开支，减少浪费，保证正常工作开展，特制定本制度。

一、所有办公用品（含日用杂品、劳动保护用品等）的采购、发放、管理工作，由办公室统一负责

二、办公用品的分类

本制度所规定的办公用品分为一般办公用品和特殊办公用品两类。一般办公用品指单位价格100元以下的日常办公消耗性用品，如笔、本、纸、印油等；特殊办公用品指单位价格在100元以上但不超过500元的一次性办公用品或办公专用的非消耗性用品。

三、办公用品的采购

（1）一般办公用品的采购在每月末由库管员依据库存及办公用量情况提出采购计划，报办公室主任批准后，集中购置；特殊办公用品的采购，由相关部门提出申请，经总经理批准后，专门购买。

（2）采购人员必须严格按照采购审批计划进行采购，不得随意增加采购品种和数量，凡未列入采购计划或未经领导审批的物品，任何人不得擅自购买。否则，财务不予报销。选买办公用品时，不从中牟取私利。

（3）认真办理出入库登记手续，未办理入库手续的用品，不准直接使用。

四、办公用品的领取、发放与管理

（1）办公用品领用为固定时间进行：每周二、周六下午。

（2）一般办公用品可根据工作需要，由部门工作人员填写“办公用品领用单”（一式两份），经部门负责人签字后，提交到办公室，由库管专员送到各相关部门座席。

（3）特殊办公用品需经总经理审批后，由使用部门填写“办公用品使用登记表”，直接办理领用手续。

（4）一般办公用品的发放，由办公室负责人员依据经部门负责人签字后的“办公用品领用单”，直接发放各使用部门。

五、特殊办公用品的发放，办公室指定专人负责，经使用部门办理有关领用手续后，交使用部门具体使用和管理

（1）每月25日前，办公室将各部门“办公用品领用单”和“办公用品使用登记表”汇总后交财务部，财务室以此作为各部门经济核算依据。

（2）办公室指定专人负责办公用品的管理工作，要做到分类存放，码放整齐，清洁有序。

（3）要认真做好新购物品入库前的检查、验收工作，要建立办公用品管理台账，做到入库有手续、发放有登记。

某某公司

2011年10月15日

实训项目

实训题目：仔细浏览《美的公司办公用品管理办法》，说说该管理办法好在哪里。

美的公司办公用品管理办法

（修订版）

第一章　总则

第一条　为规范公司办公用品的计划、购买、领用、维护、报废等管理，特制定本办法。

第二条　本办法适用于商用空调公司各部门。

第三条　管理部是公司办公用品的归口管理部门，负责审批及监控各部门办公用品的申购及使用情况，负责办公用品的验收、发放和管理等工作。

第四条　财务部负责办公用品费用的监控。

第五条　使用部门和个人负责办公用品的日常保养、维护及管理。

第六条　本办法所指办公用品包括：

1. 耐用品

第一类：办公家具，如：各类办公桌、办公椅、会议椅、档案柜、沙发、茶几、电脑台、保险箱及室内非电器类较大型的办公陈设等。

第二类：办公设备类，如：电话，传真机，复印机，碎纸机，电视机，摄像机，幻灯机，（数码）照相机，电风扇，电子消毒碗柜，音响器材及相应耗材（机器耗材、复印纸）等。

2. 低值易耗品

第三类：办公文具类，如：铅笔、胶水、单（双）面胶、图钉、回形针、笔记本、信封、便笺、签字笔、白板笔、荧光笔、涂改液、剪刀、钉书钉、复写纸、大头针、纸类印刷品等。

第四类：生活用品，如：面巾纸、纸球、布碎、茶具等。

第七条　电脑、打印机及其耗材不适用于本办法。

第二章　办公用品的费用控制及申领流程

第八条　办公用品申购实行费用预算制度，各部门本着实事求是，节约经营成本的原则，于每年年初编制本部门本年度办公用品费用预算并报管理部审批，每月办公用品的购置应严格按照审批的部门办公用品费用预算编制月度申领计划。

第九条　第一、二类办公用品统一由归口管理部门负责申购，具体流程如下：

填写“办公用品购置需求表”→部门负责人审核→归口管理部门→财务部→总经理审批→购置使用。

第十条　第三、四类办公用品的申领流程：

填写“办公/生活用品申领计划表”（各部门，每月2日前）→部门负责人审核→归口管理部门审批→汇总（管理部，每月4日前）→财务部审核→归口管理部门审批→营运发展部行政→领取发放（每月10日后）。

第三章　办公用品的使用、保养、维修和报废

第十一条　各类办公用品应爱惜使用，厉行节约，打印或复印资料时纸张要双面使用；回形针、大头针应重复使用，不得随意丢弃；圆珠笔应更换笔芯使用。

第十二条　各类办公用品的保养，主要由各部门自行负责，归口管理部门将进行不定期检查。

第十三条　各部门办公用品在日常使用中，发现有故障或损坏，应及时通知归口管理部门安排维修（主要指第一、二类办公用品）。

第十四条　价值低于2 000元的办公用品（主要指第一、二类）的报废流程。

填写“办公用品报废单”→部门负责人审核→专业维修人员鉴定→归口管理部门复核→总经理审批→废品公司回收。

第四章　附则

第十五条　属固定资产范围（价值2 000元以上）的办公用品的购置、维护、报废等，按事业部相关制度执行。

第十六条　个人使用的办公用品，因调动或辞职时，须到本部门资料员或兼职管理人员处办理清还手续。

第十七条　归口管理部门负责根据实际情况对员工级别变动后的办公用品进行增补或削减。

第十八条　本办法由管理部修订并解释。

第十九条　本办法自下发之日起实施，原《办公用品管理办法》（美商用字［2000］003号）作废。

附表：

附表一：办公用品购置申请表

附表二：办公用品申领计划表

附表三：生活用品申领计划表

附表四：办公用品申领计划汇总表

附表五：生活用品申领计划汇总表

附表六：办公用品报废单

广东美的商用空调设备有限公司
二OO二年四月十六日

发：商用空调公司各部门
送：曾总、伍副总、王总助
报：营运发展部
印发份数：11 份　　　　其中存档 1 份

附表一：

空调事业部商用空调公司办公用品购置申请表

申请单位：　　　　　　　　　　部门：　　　　　　　　　　　年　月　日

序号	办公用品名称、规格	单价	数量	金额	用途

申请人		部门负责人		管理部意见	
财务部门意见		总经理意见			

注：1. 本表适用于单一物品价格低于 2 000 元的物品申购，超过 2 000 元填写固定资产申购表；
2. 一式三份：原稿交财务部，申请部门、归口管理部各执一份；
3. 本表需电脑编制打印，手写无效。

附表二：

空调事业部商用空调公司办公用品申领计划表

部门：　　　　　　　　　　　　　　　　　　　　　　　　年　　月　　日

名称	编号	数量	单价	金额	名称	编号	数量	单价	金额	名称	编号	数量	单价	金额	名称	编号	数量	单价	金额
文具盒					30cm 直尺					钉书机					传真纸				
荧光笔					卷尺					回形针					白板				
记号笔					白、黑胶刷					大头针					12 位计算机				
白板笔					固体胶水					裁纸刀					函数计算机				
签字笔					大中小票夹					书钉					三角尺				
圆珠笔					文件夹					不锈钢剪刀					起钉机				
圆珠笔芯					文件箱					书立					三格资料架				
铅笔					易事快					墨水									
自动铅笔					反面夹					大小号复写纸									
自动铅笔芯					大透明胶					印油									
账簿					大双面胶					印台									
大、小硬抄					档案袋					号码机									
大、小软抄					20 页资料袋					涂改液									
留言纸					打孔机					三层文件架									

说明		经办人		部门负责人		归口部门意见			
说明	1. 按分配额度，各部门自行控制费用； 2. 本表需电脑编辑打印，手写无效； 3. 如领用的物品栏上没有，请在空格中加上； 4. 原稿交归口管理部门。	经办人		部门负责人		归口部门意见		本次领用合计（元）	
								备注	

附表三：

空调事业部商用空调公司生活用品申领计划表

部门：　　　　　　　　　　　　　　　　　　　　　　　　年　　月　　日

名称	编号	数量	单价	金额	名称	编号	数量	单价	金额	名称	编号	数量	单价	金额	名称	编号	数量	单价	金额
不锈钢热水瓶					卫生纸					毛巾									
塑料热水瓶					盒装纸巾					洗衣粉									
茶壶					烟盅					洗洁精									
大号茶杯					牙膏					洗手液									
中号茶杯					胶饭盒					草帽									
小号茶杯					200g 香皂					茶叶									
大号胶桶					700g 香皂														
中号胶桶					特大草球														
小号胶桶					防滑地板胶														
口罩					胶手套														
大号纸篓					耐酸手套														
中号纸篓					线纱手补袜														
小号纸篓					帆布手袜														

说明	1. 按分配额度，各部门自行控制费用； 2. 本表需电脑编辑打印，手写无效； 3. 如领用的物品栏上没有，请在空格中加上； 4. 原稿交归口管理部门。	经办人		部门负责人		归口部门意见		本次领用合计（元）	
								备注	

附表四：

美的空调事业部办公用品申领计划汇总表

申请单位：　　　　　　　　　　　　　　　　　　　　年　　月　　日

名称	编号	数量	单价	金额	名称	编号	数量	单价	金额	名称	编号	数量	单价	金额	名称	编号	数量	单价	金额
文具盒					30cm 直尺					钉书机					传真纸				
荧光笔					卷尺					回形针					白板				
记号笔					白、黑胶刷					大头针					12 位计算机				
白板笔					固体胶水					裁纸刀					函数计算机				
签字笔					大中小票夹					书钉					三角尺				
圆珠笔					文件夹					不锈钢剪刀					起钉机				
圆珠笔芯					文件箱					书立					三格资料架				
铅笔					易事快					墨水									
自动铅笔					反面夹					大小号复写纸									
自动铅笔芯					大透明胶					印油									
账簿					大双面胶					印台									
大、小硬抄					档案袋					号码机									
大、小软抄					20 页资料袋					涂改液									
留言纸					打孔机					三层文件架									

说明	1. 本表需电脑编缉打印，手写无效； 2. 本表于每月 4 日前交营运发展部（行政）； 3. 如表栏上没有，请在空格中加上； 4. 本表为归口管理部门填写，原稿交财务，复印一份交行政。	编制		财务审核意见		本次领用合计（元）	
		负责人		管理部审批意见		备注	

附表五：

美的空调事业部生活用品申领计划汇总表

申请单位：　　　　　　　　　　　　　　　　　　　　　　　　　　年　　月　　日

名称	编号	数量	单价	金额	名称	编号	数量	单价	金额	名称	编号	数量	单价	金额	名称	编号	数量	单价	金额
不锈钢热水瓶					卫生纸					毛巾									
塑料热水瓶					盒装纸巾					洗衣粉									
茶壶					烟盅					洗洁精									
大号茶杯					牙膏					洗手液									
中号茶杯					胶饭盒					草帽									
小号茶杯					200g 香皂					茶叶									
大号胶桶					700g 香皂														
中号胶桶					特大草球														
小号胶桶					防滑地板胶														
口罩					胶手套														
大号纸篓					耐酸手套														
中号纸篓					线纱手补袜														
小号纸篓					帆布手袜														

说明	1. 本表需电脑编辑打印，手写无效； 2. 本表于每月 4 日前交营运发展部（行政）； 3. 如表栏上没有，请在空格中加上； 4. 本表为归口管理部门填写，原稿交财务，复印一份交行政。	编制		财务审核意见		本次领用合计（元）	
		负责人		管理部审批意见		备注	

附表六：

空调事业部商用空调公司办公用品报废单

单位：　　　　　　部门：　　　　　　　　　　　　　　年　　月　　日

序号	报废办公用品名称、规格	数量	使用年限	报废原因	备注

填报人		部门负责人意见		专业维修人员意见		财务部门意见		归口管理部门意见		备注	

注：1. 本表需电脑编缉打印，手写无效；

2. 原稿交财务，归口管理部门、废品仓各一份。

子学习情境 2　办公用品采购作业流程

任务　办公用品采购作业流程

任务描述

任务要求：小张所在的企业需向某企业采购一批办公用品，经理让他撰写一份规范的办公用品采购合同文本，以供今后经常使用，简化办公用品采购流程。请你帮小张解决这个问题。

知识准备

一、办公用品采购流程

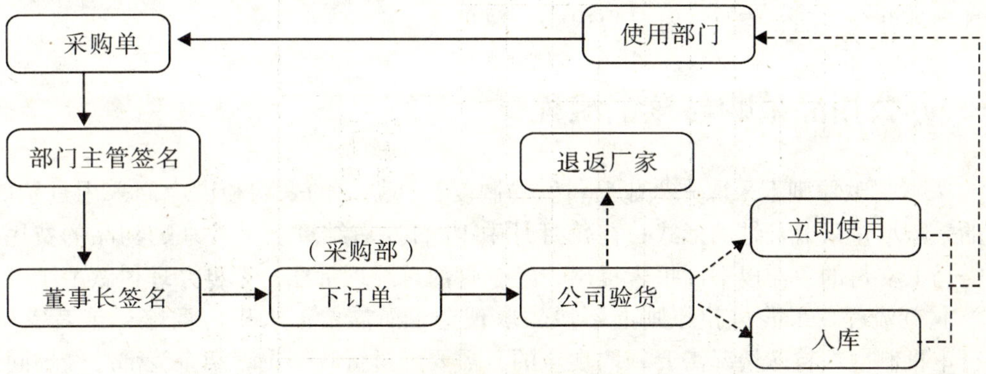

办公用品采购流程图

说明：

（1）所有采购单必须由部门主管签字同意，由董事长签字审核，采购员才能下订单采购。

（2）所有采购物资入库后必须将送货单与一份入库单交与采购人员。

（3）希望每个部门能够把现在手头所使用的产品质量及存在问题（优点也可）形成文字材料交与采购部主管，以便能更好地为各个部门采购满意的物资。

（4）为了保证采购员的廉洁，采购部决定本部门不单方面签收厂家的送货，而改由其他部门负责签收与保管（可由行政部门或后勤部门）；签收部门负责产品的验收、保管与发放，但不与供应商联系。送货单由采购部保管。

(5) 签收部门与采购部分别配备人员对到货明细进行记录（必须电子存档）。

二、办公用品采购及申购流程

(1) 每月5日前采购人员制订当月公司所需的办公用品统筹计划，采购计划中的单价如发生变化的，需要特别说明。采购计划中单价超过1 000元的办公用品需单独作书面申购报告。说明采购理由并由部门主管签字确认，附在计划中一起上报。当月采购计划表需经库管员会签，行政部主管、企管部审核签字后，上报总裁审批，报财务部备案。

审批通过后由行政部采购员统一采购，每次采购登记入“采购明细表”，并在入库时请库管员签字确认入库，月底汇总“每月采购明细表”，经行政部主管确认后，作为月底支付供应商费用的依据，行政主管或库管员负责复核入库数量和采购数量的一致性。

计划外采购的物品应填写“申购单”，需经部门经理、行政部经理签字确认，申购单报告先由采购人员询价确定物品价格后，经企管部总经理或者总裁批准后方可采购；总价低于等于2 000元的，经企管部总经理审批后采购；总价高于2 000元的，经企管部总经理初审提交总裁审批后采购。每月上报采购计划同时，应将上月已经完成的计划外采购做汇总清单“当月计划外采购量明细”，上报企管部、财务部和总裁。

单价超过2 000元的物品，需要同时报备财务部以进行固定资产调整。

(2) 采购实行归口管理制。由行政部负责采购，计划外部分常用物品采购流程如下：

①打印机、复印机、传真机和电脑申购：制作书面申购报告。

②计划外办公用品、家具、礼品等申购：填写“申购单”。

三、办公用品采购与核销流程

(1) 采购付款原则上采取先入账后付款的制度。计划内的采购和供应商采用月结的方式；计划外的采购尽量采取月结的形式；在每月月中15日左右结算上个月采购物品的费用，特殊情况下需马上支付的，需以书面报告提出，经企管部总经理批准，方可办理付款手续。

(2) 付款流程。采购付款原则上不得领取现金，而需要汇入供应商账号或者支票支付，同时实行审批制度，特殊情况需要领取现金的，需要经过行政部主管和企管部总经理同意。

①计划内物品付款总额不得超过预算总额，报销单证顺序为：报销单、发票、月采购计划表、每月采购明细表。

②计划外报销单证顺序为：报销单、发票、申购单正本（需有领用签收）。

③审批顺序：采购员、行政部经理、企管部总经理、财务部经理。

(3) 所有负责采购的人员必须充分掌握市场信息，确保质量过关，采购价格低廉的商品，供货及时。

(4) 采购时应推行合同管理制度，物品采购原则上要与供货方签订合同，详细注明供货品种、规格、质量、价格、交货时间、货款交付方式、供货方式、违约经济责任等，并要求供货方提供营业执照组织代码证复印件留存；否则，造成的损失由采购人员负责。

（5）实行比价采购制度。对大数量或高单价的物品采购要货比三家，并以书面形式将各供应商情况上报企管部审核，经总裁批准后方可继续合作。必须确保所采购物品价格低廉，质量可靠。

（6）对公司日常使用率较高的物品，应在市场询得合理的价格后，签订一年合同，合同中应对产品质量、价格、售后服务等作出规定。但是每季度须重新过滤市场情况，在市场价格下浮时，要求供货商相应降价。

（7）对长期合作的供应商，行政部应建立档案，索取有效的营业执照复印件、各类相关证件的证照，并每年对供应商作出评价，企管部留档备案。

任务实施

办公用品采购合同

需　　方：　　　　　　　　　　　　（以下称甲方）
地　　址：
法定代表人：
开 户 行：
账　　号：
电　　话：

供　　方：　　　　　　　　　　　　（以下称乙方）
地　　址：
法定代表人：
开 户 行：
账　　号：
电　　话：

按照《中华人民共和国合同法》及相关规定，本着平等互利、协商一致的原则，甲方为满足____________________需要，需从乙方购买____________________，乙方承诺保证甲方的正常使用，兹订立合同条款如下：

一、采购办公用品名称、数量及金额（人民币）、具体要求

序号	产品名称	产品型号	数量	单价	金额
1	A4 纸	箱			10 800 元
	总价	人民币：10 800 元			

二、交货日期及地点

（1）交货日期：

（2）交货地点：

三、合同价款（人民币）

合同总价：　10 800 元　　　　　　。总价中包括人工费、运输费等费用。

四、付款条件及方式

（1）办公用品预订后先支付该批货物货款的 50%，全部送达甲方并经甲方验收合格后经双方认可盖章，支付剩余总价的 50%。

（2）乙方在申请每笔款项时，应及时向甲方提出申请并提交合法的正式发票。第一次付款时若乙方暂不能开票，甲方可暂扣当次款额之 20%，待乙方税票完善时再付，后续付款需发票齐全。

五、包装和储放

（1）采购办公用品采用厂家标准包装，且必须满足运输安全要求和规范规定，如在包装和运输过程中造成办公用品损坏，一切责任由乙方承担。乙方有义务保证货物包装的完好无损，甲方有权拒收乙方交付的已损坏的包装物以及其中的货物。

（2）办公用品出厂并运抵甲方指定交货地点后，由甲方签字验收，一切办公用品储放和保管事宜均由甲方负责。

六、交货方式

由乙方送货到甲方指定地点，相关费用（包括运费、装卸费等）由乙方承担，乙方负责免费卸货。在运输过程中应注意不得超载超高，危险品运输应按照有关规定执行，并遵守《中华人民共和国道路交通安全法》的有关规定，做到安全运输。乙方承担货物运抵交货地点前的风险、费用及责任。

七、违约和索赔

（1）任何一方单方面解除本合同，应向对方赔偿相当于本合同 30% 的违约金，并承担由此引起的一切法律责任。

（2）若乙方提供的产品与约定不符或不能验收合格，乙方予以更换，更换后仍不能满足甲方要求的，乙方按报价的 3 倍给予甲方经济补偿。

（3）乙方未能在约定日期到货，每延误一天扣罚合同总款的 3‰，延误超过 10 天以上，除按天扣罚外，另扣罚总价款的 5% 作为违约金，且甲方有权单方面书面解除合同，由乙方承担合同总价款 30% 的违约金。

（4）除不可抗力原因外，甲方未能按合同规定付款，甲方每逾期一周付款，按应支付额的 3‰支付违约金。延期超过 10 天以上，除按天支付 3‰违约金外，还需支付总价的 5% 作为违约金。因乙方原因导致甲方付款延迟的除外。

八、争议与仲裁

所有因本合同或与本合同有关的争议应由甲、乙双方通过友好协商解决。甲、乙双方因合同发生争议并协商不成时，可向合同签订所在地人民法院起诉。

九、文本和生效

本协议一式两份，甲方执一份，乙方执一份。本协议自双方盖章后生效。

甲方（盖章）：　　　　　　　　　　乙方（盖章）：

法人代表（签字、盖章）：　　　　　法人代表（签字、盖章）：

授权代理人：　　　　　　　　　　　授权代理人：

合同签订地：

日　　期：　　　　　年　　　　月　　　　日

实训项目

实训题目：政府应如何规范政府部门办公用品的采购，你有什么好的方法？

参考文献

1. 周鸿. 采购部规范化管理工具箱. 北京：人民邮电出版社，2008.
2. 张彤，陈玉庚. 采购与供应实务. 北京：中国物资出版社，2010.
3. 张新颖. 采购实务. 北京：机械工业出版社，2007.
4. 陈建华. 采购管理的 100 种方法. 北京：中国经济出版社，2006.
5. 朱新民，林敏晖. 物流采购管理. 北京：机械工业出版社，2007.
6. 张健雄. 国家职业资格培训教程：助理物流师. 北京：中国劳动社会保障出版社，2005.
7. 姚宗明. 国家职业资格培训教程：物流师. 北京：中国劳动社会保障出版社，2005.